陳青楓 文
董培新 圖

香港百年風月變遷

第二版

目錄

前言

以「香港百年風月變遷」作為書名，是敘述過去百年間香港的歡場變化，而用上「百年」兩字，其實也只是一個概括性的時間說明。論香港之「風月」，何止百年？我們甚至可以說，有人聚居的地方便自然少不了「風月」。

「風月」可以有兩種說法，一是「風花雪月」，是飲飲食食的社交場合，另一所謂「風月」，可是直截了當地指「性交易」。

無論是哪一種，實際上都是伴隨着社會的發展而發展開來的。所以，我們要細說「香港百年風月變遷」，亦相等於在敘述香港這百年來的社會變化、生活變化。

香港是一個奇特的地方，即使是「風月」也同樣與別不同。首先，在傳統的文化背景下，這些風花雪月是「風箏不斷線」，其紙醉金迷的形形式式，使你在「塘西風月」裏也能找到「秦淮風月」的影子——那怕已是上千年的秦淮河畔。

好些寫掌故的文友，在今天仍喜歡着墨於「塘西風月」，其出發點亦是藉此記述當年的社會生活狀況。所以，我們亦不妨說，所謂「風月學」，實際上就是社會學。你在風月場所裏看到的悲歡離合，實際上與在社會各個生活層面上看到的悲歡離合又有甚麼兩樣呢？

說這塊「香港地」是奇特之地，另一個現象是它的華洋雜處。它百年前成了英國殖民地後，洋人湧入，自然也滲入他們的生活方式——生活方式也包括這些「風月」。

既然如此，那就讓我們從「開埠」（一八四一年）說起吧！

此外，如果我們詳而盡之地把各區各街道的私娼暗寮都列寫開來，那麼，驟眼看去，彷彿香港遍地都是「紅燈區」。百年前的香港，豈不成了「娼港」？

我看，此實為一種錯覺。

眼前我們亦見到的現象——香港有不少所謂「足浴」的「按摩店」。如果一百年後有人寫香港今天的足浴場，也像現在一些寫百年前「風月」的人那樣，把凡有「按摩店」的地方都標示起來，這也會容易誤導一百年後我們的子子孫孫輩，以為二十一世紀初期的香港，就是一個「按摩港」。

如何是紅塵裏的修行？
一壺風月
喝茶吧！

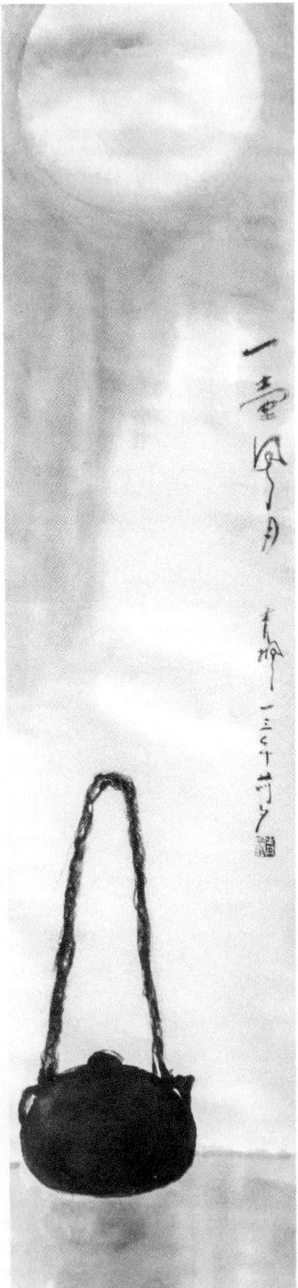

上篇

紅塵問道

牌照與貪官

香港「開埠」，英人急不及待要做的事是甚麼？——娼妓合法化。一八四一年「開埠」，一八四六年政府已發出「妓寨牌照」，即是「如要賣淫，先得納稅」。不但開「寨」者要交錢，做「壓寨夫人」同樣要付款，其理由是為了加強公共衛生，歡場女子要定時作身體檢查，後來更開設性病醫院。其實，這種「神女生涯」總是「明來暗去」的，雖然政府立例管制，但暗娼仍然大行其道。百年來有哪一天停止過？

有一句用上百年的廣東俗語，十分傳神，喚作「有錢使得鬼推磨」。「錢作怪！」這無論是華人還是洋人，也不論是平民百姓還是名流高官。一八五〇年代，時任政府「撫華道」（兼任總登記官，相等於後來的華民政務司，亦等同今天的民政事務局局長。）的高和爾，他不僅在登記上上下其手，居然還膽大妄為地開起妓寨來，他娶了一名華籍妓女作妻子，然後由該女子出面處理「妓寨業務」。結果呢？太過招搖，政府不得不將這大貪官繩之以法。其實，他也是得到時任香港總督寶靈的包庇。

「妓寨要領牌，娼妓合法化」，對於英廷面子也不好過，於是找來一個藉口：「祖家本土對娼妓尚未合法化，作為殖民地的怎麼搶先行頭？」一聲取締，從此禁娼。先於一九三一年禁止洋婦操「迎送生涯」；華籍妓女由於人數眾多，要一下子禁絕談何容易，於是有個三幾年的寬限期，到一九三五年才作「最後截止」。這也不過是「表面文章」罷了，這些事兒如何能禁絕？

當年香港有三大「繁榮娼盛」之地，一是最早期的灣仔春園街，包括旁側的三板街。這裏的妓寨華洋雜處，此地亦被俗稱為「大冧巴」——因於梯間旁都顯著地寫上大大個門牌號碼——咦，這種以資識別的做法「似曾相識」，上世紀七十年代、八十年代以至九十年代吧，在紅燈區裏有些梯間門口亮起紅的、黃的光管，「老馬」自然「識途」。

當年除了港島灣仔春園街這「大冧巴」外，隨後發展的西環石塘咀的「塘西風月」、

大冧巴

百年前春園街，俗稱「大冧巴」。

春園街

今天的春園街面貌，新舊建築交替。

九龍油麻地的「麻埭花國」，更是惹人注目的尋歡之地。

這些既是花天酒地的地方，必然也會促使其他一些行業的興旺，特別是茶樓、酒館，所以，這些地方一有甚麼「風吹草動」，必然會影響不少人的生計。

有關這些，且容我另文再談。

春園街本身就是一頁可堪記述的百年發展史，它不僅充滿「灣仔特色」，更可以說是香港的民生縮影，值得以獨立篇章記述一下。

百年前，春園街就是一條「碼頭街」，洋人也多從這裏上上落落。所以這小區域一開始便頗為熱鬧，「春園」兩字，多少也與此有關。人多繁盛之地，也自然「春色無邊」，所以早期的春園街是「群鶯亂舞」。百多年前，這裏還未作大規模填海，春園街真正的「街長」也不及現在的一半，此等現象也正是整個香港的現象，港島最少有一半土地是填海得來。

春園街旁側有條長不過百餘米的街道，名為「三板街」（「三板」與「舢舨」同音），是連成一氣的「煙花地」。為何此處稱為「三板街」?以我的推測，它可能是當年舢舨泊岸的灣角位——春園街既是碼頭，則這一帶就是岸邊了。

歷盡滄桑一春園

（十八年前，《文學世紀》雜誌邀請香港作家共寫「香港記憶」。筆者亦在邀請之列，於是寫了一篇〈歷盡滄桑一春園〉，寫的是港島灣仔春園街。日前趁在家防疫，整理書櫃，翻出了這本結集成書的《香港記憶》，翻看自己的舊作，依然感覺到它還是一篇可堪回味的香港記憶。故我在這裏把這篇文字轉載過來，也好作為我們的集體回憶。）

生於斯，長於斯，我對港島情有獨鍾，大抵也是因為在這島上出生，在這島上浪擲了幾十年的青春歲月吧。

港島的灣仔更是我「七彩人生」中的「五彩」——投身社會工作、結婚、生兒育女，以及安居，都在這裏。灣仔區裏的春園街，彷彿是這「五彩人生」裏的一條生命線，長久地牽扯着。當年工作的報社，就在春園街附近；即使後來先後兩次「跳槽」，報社也還是在灣仔區，許是這緣故，當春園街興建了一座新樓，我立即選購居住在這裏。這條街道對我真是大半生的緣分！近二十年已搬離灣仔區，但每次來到灣仔，時間許可的話，一雙腳便會不由自主地重臨春園街。

香港開埠之初，春園街這地方是個碼頭，洋人從這裏進出，也把這裏帶旺了，後來更發展成洋人活躍之「煙花地」。「春園」兩字也帶有這點意思。為了證實這歷史，我到處尋找資料，終於在一張明信片裏有所發現——當年春園街狹窄的街道兩旁，樓房上掛滿晾曬的衣裳，說明文字便說：這是當年春園街妓女們晾曬的衣服。

從這張明信片也可看到一百年前這春園街的「煙花」實況。香港歷史博物館常設的「香港故事」展覽裏講述香港郵政歷史部分，便可看到這張春園街明信片。

二十世紀六十年代初期，春園街已經與香港「下層社會」緊密結合，如果說灣仔是香港的縮影，那麼，春園街便是「縮影中的縮影」——灣仔最複雜的一條熱鬧橫街，五十年代末至六十年代初期，短短一條春園街最少有三檔「公開」的非法賭檔，不會重門深鎖，一塊深色布簾掀開便可「發財埋便」。當年，與我一道出身的一位年輕記者，不識好歹，居然拿着相機大模斯樣地在門外拍攝，立即被「天文台」（負責放哨）追打，幸好，當年的「天文台」十之八九都是「道友」（吸毒者），這位記者朋友終能逃脫。

春園街在五、六十年代當然不再是「妓院林立」，殘存的幾座「戰前樓」中，只有一座的樓上仍有一家小旅店，晚上有三兩流鶯在「企街」。

歷盡滄桑的春園街，雖然大半個世紀的熱鬧今天已日漸褪色，但小市民風情依然存在。在十來分鐘便可走完的小小街道上，仍散發她的「風情萬種」——街頭一家「麻雀耍樂」，街尾一家馬會場外投注站，整條街中式、日式、韓式小食店林立；有涼茶舖，有佛具店，也有時興的影音舖、小時裝店，只可惜，最古舊的一家「茶居」在近年結束營業了。雖然店舖的開張、結業，此起彼伏、潮漲潮退似的，但大家彷彿有一個默契，都在保留那份小市民風情，那被視為最具六十年代懷舊特色而咖啡特別香濃的金鳳茶餐廳，也從隔鄰的一條街上搬到這裏來了！

前兩天重臨春園街，感受一下這「徐娘風情」——徐娘不知何處去，眼前見到的卻好像一名披一把蓬亂長髮、掛一臉野草鬍子的老流浪漢。

心胸不禁掠過一絲悲涼——

究竟老了春園，還是自己老了？

太平山下大瘟疫

因為「尋歡」而弄出一條街的街名，可謂誇張。這就是港島中區的「擺花街」。此街不長，但地舖幾乎全是花檔。如此成行成市，就因為這條小小的街道以及旁支的「巷」、「里」，樓上有不少洋妓。她們營生的對象自然是外籍人士，洋漢喜歡買花送予異性，前往「尋歡」亦不例外，於是這裏便花檔林立，這短短的街道索性稱為「擺花街」。在今天仍然看到這街名，但花檔林立現象早已不存。當年該處花檔之多，可誇張到「爆棚」而迫於延伸開去，隔鄰的雲咸街也賣起花來，於是這雲咸街當年又俗稱為「賣花街」。春園街的「春園」也好，此地的「擺花」、「賣花」也好，總是教人聯想到那些事兒去。

至於華人方面又如何？

不待一八四一年的所謂「開埠」，香港地之前已有不少華人聚居，根據記載，「開埠」

前的居港華人約有六萬人。大多數的民居都集中在太平山區——即是上環荷李活道、太平山街一帶。（太平山是香港一座甚有名氣的高山，又名扯旗山，高五百五十二米，為港島最高之山。風水家言：此山乃「迴龍顧祖」格局，落點在中環，所以中環是旺中之旺。）

無論從歷史上看還是從地理環境而言，古今中外都是一個樣兒——就是人多集中之地必然會「群鶯亂舞」——這是生活，生活的況味就是這樣。當年也沒有甚麼城市規劃可言，太平山區的居住環境可以說是亂七八糟的，「娼」之現象亦然。

一八七四年一場大風暴便招致人間慘劇，由於太平山區「夜遊人」多，聚於此地的茶樓酒家不少，大風暴下不堪吹襲，樓塌了，人客一時之間走避不及，真是「死得人多」，其中包括不少「鶯鶯燕燕」及尋歡作樂者。

及至一八九四年五月那場「世紀大瘟疫」的到來，更是直接打擊這個「三教九流」、「龍蛇混雜」之地。此地衛生環境惡劣，加上人慾橫流，性病猖獗，於是政府索性把整個太平山區剷平，從新規劃。我們今天見到此區的街道佈局，實際上是從這時期開始的。

本來，一八五七年已成立首家性病醫院，這也未嘗不是壞事變好事，但由於長期以來華人都是習慣看中醫的，以西醫為主的國家醫院尚未能得到華人的接受，何況還是性病醫院？為此，東華醫院出現了。開始時，東華主要還是設中醫部，西醫是後來才慢慢地開展起來的。

太平山區全面整頓，重新規劃之後，人慾橫流的景況也隨之而「橫流」了——稍作東移地移往水坑口一帶。

近水樓台「水坑口」

儘管我們都說「紅燈區」是社會風氣敗壞的現象，是人性沉淪的現象，但無可否認，這也同時與人們的生活息息相關。所謂「酒色財氣」，不僅僅是一個「色」字，「色」之外還有種種聯繫的，譬如茶樓酒館、交通運輸，以至平日生活的衣、食、住、行，都會錯綜複雜地「糾結」起來。在這樣一種環境下，你生存於其中，也只好視為「紅塵道場」吧，視之為一種生活的歷練與修行。

在太平山區重建之前，旁側的水坑口一帶其實早已興旺起來，酒家不少，一來是太平山區一帶的民眾生活所需；二來，這裏與商業中心區的南北行（即文咸西街），僅是一箭之遙。南北行，這名字是俗稱，是內地南貨北貨的集散地，也同時是東南亞各地貨物的轉口港。一百五十年前，這南北行便是繁盛商業區，後來更在這裏匯聚上不少參茸海

蘇杭街
路牌上的英文是「乍畏街」，中文則稱「蘇杭街」。（乍畏，是當年駐港英軍司令。）

水坑口
一百年前，這水坑口一帶妓寨與茶樓酒館「平分春色」。

味商號。今天我們到此一遊的話，還可以看到一些老字號的招牌，招牌簪花掛紅，很具特色。

本來在水坑口一帶的茶樓酒家是為南北行生意人的應酬而設，而今把太平山區一帶的「風月」也帶到這裏來了，肯定會旺上加旺。所以，沒多久這水坑口便成了車水馬龍之地。熱鬧之情景如何？在南北行旁的乍畏街也改名為「蘇杭街」。怎麼回事？原來水坑口既成了「煙花地」，那些「阿姑」、「恩客」必然會較多地選購女性用品，特別是衣飾、美容以及名貴布料、刺繡工藝品等，這些正是蘇州、杭州兩地的「拿手好戲」，貨物源源運港，所謂成行成市，短短的乍畏街便成了這類貨品的集散地，人們索性稱這條街為「蘇杭街」了。今天，看看這條街的名稱——英文是「乍畏街」，中文就是「蘇杭街」。

當然，今天的蘇杭街已經沒有甚麼「女紅」經營。在上世紀五十年代末期，我們還可以在水坑口這短短的斜路上看到三幾家售賣針線的「女紅店」。這是風月場所的殘餘印象。

不過，即使在三十年代這戰前，水坑口的「風月」早已「蟬過別枝棲」，政府於一九〇三年已下令——水坑口的所有風月場所要全數搬到西環石塘咀去。這又是怎麼回事？留待下文為你分解。

水坑口與「佔領街」

既道是「香港百年風月變遷」，論先後次序，必然是先寫上環水坑口，然後是西環石塘咀。但如果從地理環境言，又或者從得名先後而言，則石塘咀又先於水坑口。（石塘咀名字於一七七一年已有，一八二一年才有水坑口這名稱。）

水坑口本來俗稱「大水坑口」，就因為坑口越來越細小，才把「大」字去掉。水坑口又為何能「歷史性」地留下名字來？它除了後來成為「煙花地」之外，其實與香港早期的生活大有關連。我們不妨閉上眼睛想想，三百年前港島與九龍這一帶是甚麼樣兒的？不要說甚麼高樓大廈，恐怕連平平坦坦的大幅土地也不多。所謂水坑口，就是山澗水從這裏流入大海。（水坑，即是山澗之意。）

這海灘，原來是有大量龍蝦可以捕捉的。捕捉方法也簡單，用一個大竹櫃在海邊鬧起來，潮漲的時候，海水湧入，龍蝦順帶而來，潮退後龍蝦無法游走，在竹櫃內便成了「甕中之鱉」了。居住在九龍九華徑村（當年此地稱「狗爬徑」）一帶的人經常到這裏來捉龍蝦，弄得一身泥漿便到旁邊這大水坑口以山澗淡水沖洗。久而久之，這「水坑口」大名便廣泛叫喚起來。當年捉龍蝦者覺得，每天早出晚歸地撐船來往九華徑村，實在費神費時，索性在這水坑口旁蓋搭起茅篷居住，於是便形成了水坑口村。

時移勢易，當年的水坑口由大水坑口變成小水坑口；再後來更變成「煙花地」。今天，你到水坑口街看看，水坑固然沒有，連百年前的「花月痕」也早已痕跡全無。短短的一條斜路，剩下來最具歷史性的店舖，要算這賣山貨（即是賣日常用品雜貨）的朱榮記，它於一九五九年在此經營，迄今，一個甲子，它亦無法見證這條街道的「煙飛「花」滅。

倒是這個路牌，卻帶出歷史的嘆惜！

水坑口街

這水坑口街，英文名便是「佔領街」。

你細看一下，中文之名是「水坑口街」，但英文呢？Possession Street，譯為中文則是「佔領街」。

英軍當年乘戰艦來港，便是在這裏強行登陸的，而《南京條約》在年半後才正式簽署。英軍登陸後把這水坑口命名為「佔領街」。百年下來，不，回歸以來，這街名依然存在，怎不教人唏噓。

風月下塘西

雖說香港是從一個小小漁村開始，但在「漁村」之前早已有人居住。要說香港歷史，可追溯到石器時代去，即是一萬年前之事。考古學家在大嶼山、南丫島、屯門及西貢等地發掘出的陶器，證實是新石器時代遺物。

所以，我們細說香港而以英人來港的所謂「開埠」開始，那不過是為了方便的「方便之說」——這可不是「界限街」。

今天我們講「香港百年風月變遷」，很自然地把焦點放在被稱為「塘西風月」的石塘咀上。這地方本來就是一大片花崗岩石，內地各地採石工人紛紛到這裏來採石，於是這裏便慢慢地變成了石礦場。歲月悠悠，石山挖個一空，變成平坦的地塘了。

石礦已被採得八八九九之後，這偌大一幅地如何發展？難道讓它荒置下去？說起來也得佩服「師爺」們的「山人自有妙計」。那時，上環水坑口這煙花地不但發展到了飽和，而且已見到越來越多不良影響，即是社會活動越來越複雜了，發展下去可能一發不可收拾。這時候，正好石塘咀這塊荒蕪之地有待發展，如果把整個「煙花地」搬過去，豈不是一箭雙鵰、一舉兩得？於是一九〇三年政府下了一道指令——原水坑口一帶的妓寨要全數搬到西環石塘咀去。期以三年，即一九〇六年內這「大遷徙」必須完成。

說當時石塘咀是荒蕪之地也不全對的，在沒有石礦開採之後，這地方也慢慢地興建了不少民居，但如果一個地方沒有生計的話，發展只會停滯不前。一聲令下——風月下塘西，情形便大大不同了。但凡有「嫖賭飲蕩吹」大片集散地的，必然會很快便繁盛起來。

經營這類「歡場」生意的生意人，多是「眉精眼企」之輩，政府既然「霸王開硬弓」地要你非搬不可，你最好順着這個勢去搶佔一席地，所以，當年儘管好些在水坑口經營妓寨及茶樓酒家的生意人，一邊痛罵政府「無陰功」，趕絕其生路，一邊又盤算着如何在石塘咀再起爐灶。職是之故，石塘咀這風月地很快便有了規模，妓院林立、酒家林立，高峰期這裏有大小妓院五十多家，還沒有計算那難以統計的「私竇」，僅是妓女便有二千多名了，加上其他工作人員，統計起來便有四、五千人之多，而這四、五千人中又有多少是一家之經濟支柱？此外，這真真正正彈丸之地的石塘咀卻有酒樓二十多家，這又牽涉到多少人的生計？

我們說「塘西風月」，「風月」兩字其實也正是包含了風花雪月的社交活動，特別是一些生意人，正正經經地談生意可能談不出個甚麼來，但在這些飲花酒、尋歡作樂的場所，摸着酒杯底去談，便容易得多，「好啦，睇在你老哥咁有我心，居然請到阿翠過來陪我飲兩杯！你話點就點啦，單生意就交界你啦……」

即使不是即場生意交易，大家聯絡一下感情，亦為將來合作鋪路，何況生意經之外，其他的「經」還多着呢！所以，這裏的酒樓實際上就是「講手」、「比拚」、「較量」的地方，只不過大家都戴着一具笑盈盈的面具來周旋罷了。

「入地」與「上天」

塘西這一塊風月地，今天還剩下甚麼呢？大抵剩下的都不過是心中的「懸念」。它的中心地帶應該是屈地街的山道。山道就好像一條主血管，周遭大大小小、千絲萬縷地連接上一些支流。這些「支流」實際上就是一些「暗娼」了。

山道當年有一道明渠，是由半山直沖而下流向大海。（港島有好幾個地區都是這樣，如灣仔的鵝頸橋；大坑區也有一道明渠直到香港回歸後才改為「暗渠」的。）

由於石塘咀山道有這樣一條明渠，此地變調成風月場所後，人們便稱這地為「新水坑口」。

這山道也真不可思議，一百年前的明渠今天沒有了，但卻豎起一道高逾十層樓的行車天橋，是從海旁轉入、直上西半山的交通主幹。從「入地」到「上天」，這山道可謂閱盡塘西滄桑。

港大險搬家

這條凌空飛架的天橋，直奔半山香港大學而去。

港大與塘西風月可又扯上一點關係的。

香港大學的出現，是先在一九〇七年由當時的香港總督盧吉倡議的，得到當時本港華人領袖廣泛支持，迅速地籌募到充足經費，三年後便奠基建校了。到了一九二三年，港紳周壽臣認為，港大太接近塘西風月地，恐防會影響到學生的學習心情，為了讓學子專心學業，倡議把大學搬到九龍去。

幸好當年反對之聲不絕，反對的理由其實也是很有道理的——如果學生自己不「定性」，心野而又喜狎遊的話，即使把校址搬到深山野嶺去還是會把持不定的。相反，如果學子「心定」，即使身在歡場又如何？最重要的還是教育本身。

這就是紅塵修道了。在火坑中鍛鍊出來的鋼水說不定還會更純更好，對將來的「入世」更有幫助。最後便決定香港大學原址不動，打消在九龍麼地道建校的想法。

今天，我從港大沿着山道往下步行，不到十五分鐘便抵當年燈紅酒綠之地。當年的聯陞酒店（就在今天港鐵香港大學站），兩旁都佈滿大小「寨」；再往前行，便是當年金陵酒家、陶園、香江酒樓等飲宴場所。忽然間，腦袋裏顯現車水馬龍的熱鬧景象，一輛黃包車就停在倚翠寨前，「寮口嫂」連忙出迎，「哎喲，十二少你來啦，素梅等你等到好心焦呀！……」

聯陞酒店

圖片正中位置是聯陞酒店，即是今天港鐵香港大學站入口處，右旁一列樓房便是「打正旗號」的妓寨。

金陵酒家

當年的金陵酒家，亦是不少文人雅士喜歡雅集聚飲之地。

石塘咀村

「風月下塘西」，塘西者，即是指西環屈地街這一帶。而石塘咀之名，雖以塘西風月而名噪一時，但這地名其實早在三百年前，即清朝乾隆年間已出現。

大家都曉得，所謂石塘，是因為此地原是一座石山，是花崗岩石，即是我們俗稱的麻石，是優質建築材料。長年累月的開採，山也變成平坦的「塘」。這開採是從海邊開始的，慢慢地擴闊開來，於是你站在高處看下去，這海邊開始採石的地方就形似鳥嘴。石塘咀之名便由此而來。

香港石塘咀既是著名石礦場，必然會與惠州帶上關係的。原因是惠州客家人多是從事打石行業。三百年前，一位姓朱名居元的打石工人，連同一群鄉里來到這裏。他們不但打石，還在這裏建村。這村就名為「石塘咀村」。很可惜，當年這地方仍是荒涼一片，不僅野獸出沒，更甚者是海盜橫行，當年張保仔、郭婆帶這些海盜，連清廷也為之頭痛，更不要說平民百姓，朱居元建村不久也不得不棄而他往，遷移到赤柱鶴咀一地立村。再後來，他的第四子更在九龍建大磡村，這也是方便採石材之故。

今天，如果你對這些打石歷史感興趣，你到鯉魚門三家村遊覽時，我建議你除了看看海鮮街、天后宮外，不妨深入一點看看在上世紀六十年代已荒棄的那個石礦場，更不宜錯過的是那個小型歷史博物館，那裏頗詳盡地介紹百年前香港的採石歷史，有不少工具可看，很有意思的。我們在了解塘西風月的同時，不妨也涉獵多些當年的環境常識，至少可以讓我們增加閱讀時的趣味，這也是我寫本書的其中一個目的。

西環五臺山

百多年前，石塘咀不但有那「塘西風月」，還有一個座落太白臺而與其共生共存的遊樂場——太白遊樂場，它可以說是香港第一個大眾化遊樂場。在這之前，有黃泥涌道的「樟園」，但這小小的樟園遊樂場是私人性質的，它雅緻簡潔，可供文人雅士吟詩作對，卻主要還是園主和他朋友作樂的場所，充其量是半公開地讓一些外人參觀遊賞。

有商人眼見這樣的遊樂場大有作為，於是在樟園旁建造一個規模較大的「愉園」（就是今天養和醫院所在地）。電車還特地開闢一條「愉園綫」，可見當年是何等熱鬧，這也說明百年前可供大眾耍樂遊玩的地方實在太少。

生意人的頭腦，總是按着時代脈膊去思考的，沒錯，愉園的花草樹木多了，但到底得個「睇」字，睇得多也會乏味的，於是有商人再動腦筋，建一個真真正正「遊而有樂」

的場所，這就是太白遊樂場，它就在石塘咀風月場所旁側，客源不愁。在營商來說，是理想之地。一開始便把原有的愉園客拉攏過來。愉園遊樂場在「陰乾」之下也不得不變招，亦步亦趨地搞起大眾化遊樂場的模式來，它座落港島東部，如果仿傚成功，那麼一東一西的兩個遊樂場在客源上便可以「平分春色」。

讓我大感興趣的，還不是這些遊樂場的興衰歷程，倒是太白遊樂場所在地的「太白臺」三字對我有莫大吸引——何以有這麼大詩意？真的與詩人李太白有關係嗎？

果如是！

不僅是太白臺，這裏還可以稱為「西環五臺山」。

整個香港島的樓房用地，其實都是倚山而建的。石塘咀的環境也不例外，此處有一個小山崗，稱為「西環山」。從現在的地勢環境看，便是由卑路乍街向上一直延伸到薄扶林道去。

這西環山一級一級的，分別有五個臺。最低一臺是太白臺，上一臺是羲皇臺，然後是青蓮臺、桃李臺，最後是學士臺。原先是「七臺」的，左右兩邊分別也有「臺」，後來拆掉了，所以，現在我們見到的就是像梯田建造起來的五臺。

這五臺山的命名，確實與「詩仙」李白有關。李白，字太白；他有詩句：「清風北窗下，自謂羲皇人」；李白又號「青蓮居士」；李白文章中有句：「會桃李之芳園」；再說，李白又是翰林學士。所以，上述五臺之名全都與李白有關了。

撰名人是李寶龍。在現在西環這五臺山東側，有一條李寶龍路，這裏原是李寶龍臺；五臺山西側，原是紫蘭臺。所以，這本來是稱為「七臺山」的。「七變五」，說起來也真是人生的唏噓。這東西兩臺在一九八〇年清拆了，而李寶龍臺則改為「李寶龍路」。這七臺山原是李寶龍擁有的。他是誰？百年前香港首富李陞的第四子。

李寶龍因生意失敗，更走上破產之路，這偌大的七臺山也不得不轉讓他人。繼承者仍很尊重李寶龍的，這六個臺便由他來命名。李寶龍本人十分敬仰本家這大詩人，遂以李白的名字、別號及其詩句命名。

我多次在西環五臺山行走，並與一些年長居民閒談起來。太白臺在遊樂場荒廢之後，便與其他幾個臺一起先後建造起樓房來。第一代的太白臺樓宇，也還是「塘西風月」年代。這些樓房基本上都是住上「塘西阿姑」，有些屬於暗娼，此外，一些「私竇」也紛紛在此「落腳」。

今天，太白臺基本上是沒有這些樓房了，差不多都是第三代的唐樓建築，即是戰後才興建的樓房，我說「差不多」，就因為整個太白臺只剩下中間一座還保持原始面貌，但也僅僅是保留一個「軀殼」，它被列為「二級歷史建築物」，原來，這一座「文物」是屬於香港道德會的，當年就稱為福慶堂。是先天道，佛道同參。此佛堂雖細小，但行善積福之事則不遺餘力。冬天派棉衣，平日施米救助貧困家庭。

我曾與一位老街坊談起，他說：「這福慶堂呀，當年為街坊做了不少好事，我印象深刻的，他們還助養了一位年老無依的阿姑，讓她住在福慶堂樓上，也請專人照顧，直到百年歸老。這位阿姑去世時已經是一百零幾歲高齡了！」

這座西環山，全是李陞物業，他後來交給兒子李寶龍發展。李陞除了建造樓房出售外，其中還把一些地捐贈與他喜歡的慈善機構。位於太白臺中間的這座福慶堂，相信是李陞家族當年捐贈的，此外，在青蓮臺的魯班先師廟，這幅地也是由李陞捐贈的。

紅塵問道，李陞家族當年確是有心人。

二〇二〇年七月中旬，我再度來到太白臺，看到有三兩工人正在為這座福慶堂做加固。看來這座「二級歷史建築」也真的要好好修葺一下，它擱置在那裏已逾十年，街坊鄰里都希望它能早日動手修葺，避免蚊蟲滋生，鼠輩橫行。

魯班先師廟

西環「五臺山」裏的青蓮臺，建有一座魯班先師廟。此廟最近的一次重修，大抵是在五、六年前。它之前的重修則是民國十七年，即是一九二八年，距今也差不多一百年了。它實際上是建於一八八四年。

魯班是三行先師。三行，指哪三個行業？今天我們說是木工、泥水、油漆（或者搭棚），昔日，也會把打石行業列上的，即是木匠、泥水師傅以及石匠。所以，在石塘咀的高崗上立魯班先師廟，甚有意思！澳門也有一座魯班廟。

女子茶檔

翻開舊書報，看到一則七十年前的酒家廣告，從字裏行間，隱隱然亦看到當年的一些風月景況。

此廣告屬「英京大酒家」。

如果是「老香港」，在上世紀五、六十年代也許在英京「嘆過茶」，它座落灣仔，樓高五層，用句廣府話說：「認真唔嘢少！」旁側是東方戲院，專門上映二輪西片，此地段即為現在的「大有商場」。

英京大酒家這則廣告，標榜「七彩舞池音樂歌唱，十大美人招呼妥當」。居然用到「十大美人招呼」這樣的宣傳文字，我看今時今日上茶樓者也會大惑不解。今天的飲食業，你看「企堂」有分甚麼男女嗎？但那年代，提壺斟水的「茶博士」是清一色男士，女子絕無僅有。我在上世紀到英京喝茶，在聊天時也聽說過，香港茶樓酒家之有女招待，都是由英京開始。這便難怪他們標榜「十大美人招呼」。

此招「殺食」，其他茶樓酒家便爭相仿傚。讓我們追溯上去看看，其實，香港「飲食行檔」之有女招待，早在一百年前已出現。

這是「女子茶檔」。百年前「民風閉塞」，有女子茶檔出現自然便牽扯到色情去，這些茶檔都集中在西營盤高街附近，那裏較僻靜，樹木也多，茶檔只是在晚間經營。一些青年男士日間辛勞工作，吃過晚飯後便三五成群來到這裏，喝杯茶、吃件餅，閒聊「吹水」一番。原意就是這樣。但這些茶檔既然多由妙齡女郎經營，大家熟絡後少不了打情罵俏，有些狂蜂浪蝶更是醉翁之意不在茶。久而久之，這些茶檔也成了色情溫床了，當局唯有下令禁止開檔。從此，「女子茶檔」的所謂風流韻事也就雲散煙消。

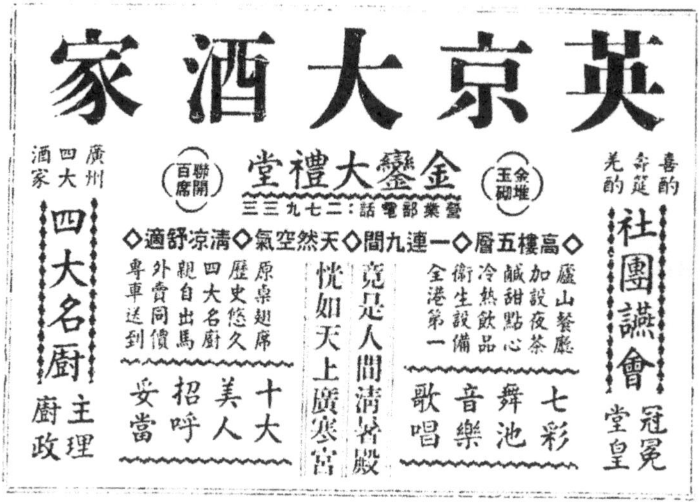

英京大酒家廣告

高街

當年「女子茶檔」所在地的高街，今天頗為冷清。

風月報

「風月報」，在上世紀三、四十年代頗流行。此類報紙，是八開本，四個版面，即是現在我們通行的報章之「半張紙」而已。有些是日刊，有些則是三日刊。所謂風月報，顧名思義，內容都是風花雪月的，也不限於妓院的「名花」介紹，好些時是涉及梨園，即是介紹演戲之名伶，也會介紹一些名勝古蹟。此外，副刊內容則按照各報特色而有所偏重，但大體上還是以奇情、艷情小說為主，也同時開闢了新聞副刊化，即是把一則受坊間注目的新聞，特別是具所謂奇情情節的，將之「加鹽加醋」，每日連載，以新聞故事出之。此類處理亦大受歡迎。如果你年過六十，可能對當年——上世紀五、六十年代的「三狼案」有印象，全港報章都以講「新聞古」的形式連載起來。雖然有說報章大行其道地講「新聞古」是由「三狼標參案」開始，但追溯起來，我們亦可以說，此等報導形式，實為百年前小報——此類風月報開風氣之先也。

今天向大家介紹的這份《風月畫報》，是民國二十三年，即一九三四年，在天津法租界出版的。此份小報在當時當地的歌舞昇平世界裏頗受歡迎，第一版無論廣告如何多，也必然留下中間顯著位置刊登一幅「名花」玉照。（其實這也是廣告而已，必有其「捧場客」花錢刊登。）

這份《風月畫報》是名副其實的談風說月。內裏除了介紹「名花」之外，並會介紹「票友」的演出，以及一些旅行勝景之類，是真正一份娛樂報。

香港方面的風月報，其熱鬧程度又豈會輸蝕於大江南北？甚至可以說其風氣之濃烈，實有過之而無不及。大抵這與「水坑口風月」、「塘西風月」是相輔相成的。既有紅燈區之存在，則必然帶動飲飲食食，酒家歌壇、粵劇演出，可謂姿彩百出，因此，此類風月報便應運而生。

當年，《骨子》報算得是箇中翹楚。「骨子」兩字，相信地道廣東人最曉得它的字義，除了聯想到那句「騷在骨子裏」之外，廣東話「骨子」兩字亦形容整齊、「企理」，帶一點倜儻風度！譬如說：「呢個男人，睇落都幾骨子嚁！」最少你不會認為他是「老粗」。所以，《骨子》報的「骨子」兩字，可謂妙語雙關，此報乃由寫「名花」寫到成為「名筆」的羅澧銘創辦。

此外，羅澧銘在同一時間其實也辦上好幾份同類型刊物的，《民聲》也是由他擔任督印。

無論是《民聲》還是另一版頭稱為《開心》的這份小報，都有一個特性，是以小說為主，並不太側重於「風月」。我在這「小說叢」版面裏特別留意到兩個筆名，一是寫「柳暗花明」的「小生姓高」，另一是寫「慾魔怪手」的「怡紅生」，這兩位都是上世紀當紅流行小說作者，特別是「小生姓高」，即高雄也。

今天我們都知道，要辦一份報紙非易事，沒有半億元投資不好說「染指」。但大半個世紀前，即所謂「文人辦報」的日子，十萬八萬元便可以「開檔」。金庸辦《明報》之初，也是從小報開始。

再追溯起來，風月報年代（即上世紀三、四十年代），辦報真係「易過借火」，三兩個「壞鬼書生」夾埋便可埋班，一個主編，一個助編；再找一人去拉廣告兼顧發行便可，至於排版、印刷，找其他公司合作可也。

正因為如此簡單易做，故風月報便大行其道。

風月画報

本報定價

真正遠年花雕名酒

本刊徵稿啟事

布路洋行 印度綢緞莊

國貨極品

大美麗香煙

有美皆備 無麗不臻

中國華成烟公司

《風月畫報》
在天津出版，內版以介紹名伶及名勝風光為主。

骨子
掃蕩晚報●全港公認●播音娛樂最齊全●的確好野
掃蕩晚報 播音第一 副刊趣怪
女優報復情場
專害有婦之夫
郵船疑犯

《骨子》
當年香港甚有名氣的小報之一，內版以奇情小說為主。

超越時空的「奇特之地」——廟街

如果你想多了解香港的「平民生活」，我倒有一個好介紹——到香港九龍油麻地廟街去。

這一帶可以說是香港平民生活的縮影，而且是「超越時空」的縮影，你可以在這裏捕捉「香港百年」。這真是一個欲了解香港生活歷史的深度遊好去處。

首先，它為何稱為「廟街」？主要是這裏有一座歷史久遠的天后廟，且為了形成一個群組，把多個民間小廟也搬到這裏來，所以稱得上名副其實的「廟街」。這座天后廟所在地，其實是俗稱「榕樹頭」，就因為廟前的空地原有十多棵榕樹。在榕樹下又擺設了一些長椅，它是一個小廣場。能在廟前有一個小廣場，在寸金尺土的香港實在難得，只可惜這個「街坊廣場」經常被一些長者或者遊蕩者佔坐了，其他到廟宇來進香者或遊客，鮮會坐下來的，你說這是它的特色也未嘗不可。

廟街這「平民生活場」就以這榕樹頭的天后廟作為一個中心點。日間，你還不覺得怎樣，黃昏之後便開始「動」起來了，它是香港著名的「夜市街」，有「魚蝦蟹」食檔，有做遊客生意為主的小工藝品街檔，這才是主要內容，對本地客吸引不大，它主要是一般遊客買小紀念品之好去處。就像我們到外地旅遊，總會到這類小買賣的地方走走看看。

最有趣，最具特色的，恐怕是圍繞着這座天后廟而擺設的「風水命相攤檔」。細數下來，我看最少也逾百檔了，批命、看八字、看掌相、計紫微斗數，以及塔羅牌，還有奇趣的「雀仔占運程」，真是包羅萬有。我相信在當今世上沒有哪一個地方在這方面有這樣的「熱鬧繽紛」。

廟街，其實還有一個頗教人懷念的地方——說懷念，是因為今時今日沒有了，那是所謂「平民夜總會」。在天后古廟旁的橫街轉角處，每個晚上，特別是炎炎夏日，會有一唱粵曲的露天歌壇，高峰期還有三、四檔之多。電影《新不了情》也以此作素材寫上一筆。

今天，沒有了。但歌壇卻沒有停下來，它延續了近百年的歌壇發展。但時代畢竟不同了，粵曲在今天已不僅是聽，而是「阿拉也OK」地唱起來，這當然是拜「卡拉OK」所賜。

拿起咪唱「卡拉OK」，對一些粵曲愛好者來說未能盡興，他們喜歡有樂師現場伴奏的，於是有些歌壇便出新招——可以讓你上台獻唱一曲，但要盛惠五十大元。這些歌壇除了有駐場歌手外，還可「玩票」地客串一曲，真是各取所需。在上世紀歌壇可沒有這樣的「奇招」。

說廟街是香港百年超越時空的縮影，當教人聯想到那永不褪色的「風花雪月」。

百年前，這油麻地一帶也是煙花地，香港島那邊有「塘西風月」，這邊則有「麻棣花國」。性質是大同小異的，所不同者，是級數問題，相當於上世紀五、六十年代的西片電影院，一級的上映首輪影片，次級的便是重映的二輪片，二輪片票價便宜得多。麻棣花國就像二輪片影院，如此而已。

但說它超越百年時空，指的是那類「野火燒不盡，春風吹又生」的「花事」。百年來，油麻地一帶從沒有停止過，不同的只是「花樣」而已。所以說，這個地方對遊客來說，真是一個你不去了解一下也不好說作過香港遊的奇特之地。

天后古廟

廟街便是以這座天后古廟作主體

榕樹頭

廟前的廣場，俗稱「榕樹頭」。

牌坊

短短一條廟街，而在前後兩個街口安設上「牌坊」，在現代城市裏倒是少見。

看相檔

一到晚上，這些「看相檔」便會熱鬧起來了。

職名・藝名

我們在談論「塘西風月」時，無論講到阿姑、龜婆，以及廳躉、寮口嫂、龜爪等，所幹之事，古今中外都無甚差別，工作性質類似，名稱不同而已。「阿姑」，即是妓女，當紅者稱為「紅牌阿姑」。「龜婆」便是掌管寨內一切大小事宜的統領人，做得最多缺德事者也是這類人。所以，人們一提起龜婆（或龜公），便會露出鄙夷之色。龜婆對不聽話的妓女或「琵琶仔」所施的酷刑，最慘無人道者莫過於「打貓不打人」——把一隻貓放入受刑者褲管內，鞭打褲內的貓兒，那隻貓在褲內痛得亂爪。你試想想對受罰者是何等殘酷呀！想起都教人「打冷震」。

龜婆之下是「廳躉」，乃協助龜婆內內外外的管理，換過今天舞場夜總會來說，那相等於「媽媽生」和「舞女大班」吧！

「寮口嫂」又低一級，直接做些照顧阿姑迎送生涯的「下欄」工作。

至於「龜爪」，是爪牙、打手之類，今天的講法是「睇場」。

以上這些，你即使追溯到唐代宋代，以至春秋戰國秦兩漢，其實都是大同小異，都是這樣一種鋪陳，名稱有別而已。

「阿姑」們的「藝名」，也正好反映出一些社會現象。她們當然不會以真名真姓示人，但如何在藝名上讓人客留下印象？也會花上心思。有些是憑自己的喜愛而「花花草草」一番；有些則憑名寄意地暗示了自己的悲苦身世！

最常見的「花花草草」是甚麼呢？隨便地翻來看看，你便看到：翠紅、芙蓉、惠蘭、桂嬋、紫羅蘭這些。

很特別的還是那些自嘆命苦的藝名，如——飄紅、悲涯、苦兒、孤憐、非恨……每個名字，彷彿背後都有一個故事。

妓女也是人呀！她們都有自己的理想，即使是夢想也希望發一個好夢呀，於是在藝名上也來一點安慰——織雲、瑤仙子、盼如君、花月影。

上世紀二、三十年代「照相」這玩意兒「矜貴」得很，一些「阿姑」可喜歡到影樓拍三幾幅靚相，一來，「好趁青春留倩影」；二來，那些年有好幾份小報，也可以在報上亮相以增知名度。

悲涯

這位「阿姑」便是悲涯。如此「藝名」，寧不教人感慨！

素梅

素梅能從「阿姑」身分躍上銀幕，亦算得有點「燦爛的光輝」。

歌妓・風骨

在上世紀二、三十年代塘西風月鼎盛之時，不但出現數以千計妓女，且這些風花雪月場合少不了來個歌舞昇平，於是伴之而來的一個行業便是賣唱。賣唱的歌女既依附於妓院生存，則她們亦順理成章地被稱為「歌妓」。歌妓分兩種，一是賣唱兼賣身，一是純粹賣藝。好些歌妓是從妓女出身的，那年代的女子廿來歲便被稱為「老女」了。在做「阿姑」期間既兼而賣唱，其歌藝亦得到欣賞，於是年齡稍大之後便索性轉做純賣唱的歌妓，也有另一個稱喚，名之為「歌姬」。

從妓院「掛單」出鐘往各酒家賣唱，到直接在酒家做「駐場歌女」，這也得有一個過渡期，特別是在剛開始的時候，你即使歌藝了得，可那些「飛箋客」依然喜歡在妓院裏找歌女唱曲助興的，連「鬼馬歌后」張月兒也被迫在大寨「天一」掛單。以張月兒當時在歌壇的號召力，（她一人可唱「子喉」、「平喉」，即是同一首曲，既可演唱小生，也可演唱花旦，而且轉換得自然流暢，所以譽之為「鬼馬」。）她原也不用依附妓院的，「天一」於她，只是一個求方便的聯絡處。這也可見得，香港地歌壇崛起之初，實際就是與塘西風月有千絲萬縷的關係。

歌妓除了應召到酒家「唱局」，也有一兩個好去處。有些大戶人家在家裏設宴，或者大戶人家裏的大家閨秀，不便拋頭露臉到酒樓歌壇聽曲，但卻又心儀於這些出色歌女之歌藝，於是邀請到家裏來，有所謂「私家局」了。另一個好去處則是大眾化的遊樂之地，這便是座落塘西側的太白遊樂場，這是香港第一個公眾遊樂場。內裏有各種各樣的玩樂設施，歌壇、食店外，還有棋局、燈謎、旋轉木馬。太白遊樂場便是今天太白臺的所在地。當年旁側便是海灣，因此不少年青男女或妓女與恩客也喜歡在這裏「扒艇仔」。此情此景，可教我們聯想起上世紀五十年代及至六十年代早期的九龍荔園遊樂場，這裏也有一個海灣，日間、晚上有不少情侶到此划艇，而且這荔園門前的一大片空地正是巴士總站，真是方便得很。荔園鼎盛期，真可以說「收門票收到手軟」。

能夠在太白遊樂場客串唱曲的歌妓，證明是唱得有板有眼、聲色藝全，既可以多一條出路，也同時是提升知名度。

當設在茶樓酒家的歌壇漸成氣候之後，「顧曲周郎」是真正為聽曲而來。慢慢地，好些唱曲女子便由「歌妓」變身成「歌女」，（「歌姬」兩字不好聽，「姬」，無論是外省話還是粵語，都與「妓」音近似。何況，「姬」字很自然令人聯想到「妖姬」，名聲也不好。）稱為「歌女」，能擺脫一個「妓」字，無論怎樣，都會覺得身心有所不同。

在男性社會裏，妓女更無地位可言，即使是靠賣藝的「才妓」——依然是一個「妓」字，說得不好聽，仍然是依附於男性社會的所謂「玩物」，不同者，有些在低下層過着不見天日的悲慘生活；有些則在風雅文士間、在大商家堆裏穿梭遊走而已。

在中華大地，名噪一時者當數「秦淮八艷」——馬湘蘭、卞玉京、李香君、柳如是、董小宛、顧橫波、寇白門、陳圓圓。

在文人筆下，「八艷」各有各的故事。在眾多藝妓裏，不僅有才貌雙全者，有些還是別有風骨的，這可讓一眾男兒愧煞！我們且來看看南京「官妓」嚴蕊。

（以下一則是筆者於二十年前刊登過的短文，今天細看下來，仍覺得頗有意思。）

莫問奴歸處

寫了一篇詩詞反映妓女心聲，但到底也不過是假借他人，代入人家的心聲而已。「妓女」之中，究竟有沒有寫得好詩詞的才女？有，非常之有才氣，不是應酬詩，不是一些文人吟風弄月的「花間詞」。嚴蕊，這位「營妓」（地方官妓），色藝俱全，名噪一時，那首〈卜算子〉寫得生色動人，而故事本身更不但動人而且感人！且先來看詞：

不是愛風塵，似被前緣誤。花落花開自有時，總賴東君主。　去也終須去，住也如何住！若得山花插滿頭，莫問奴歸處。

故事：嚴蕊被誣說與地方官唐仲友有染。南宋時有規定：「閫帥、郡守等官，可以讓官妓載歌載舞以飲酒作樂，但不能私侍枕席」。嚴蕊被朱熹拘拿，判以坐牢。

我們可以理解，那不過是官場中勾心鬥角，嚴蕊成了犧牲品而已。但她寧願坐牢也不讓屈打成招。待到朱熹調職，岳霖上任，他知道有這宗案子，且聽聞嚴蕊是才女，於是命她作詞自辯，嚴蕊便寫上這首上佳好詞。

「不是愛風塵，似被前緣誤。」我不是天生喜歡做風塵女子的，這可能是前世因緣吧！這裏的「前緣」，也不過是無奈的說法。

「花落花開自有時，總賴東君主。」東君，是司春之神。這裏也譬喻：「我是去是留，全憑你作主啦！」她並不哀求，只是曲筆寫來。

「若得山花插滿頭，莫問奴歸處。」山花插滿頭，那是希望從良，過一些村婦生活。

岳霖看罷，長嘆一聲：「放人！」

嚴蕊當庭獲釋。

嚴蕊造像
（陳青楓繪）

下篇

百載流轉

文：莎千浪（陳青楓）

圖：董培新

幾點說明

．當年應邀在一份報章上每天寫兩篇稿，同一版面而有兩個相同的筆名，不太好，於是仍以陳青楓這筆名寫雜文，另一篇小說則用上「莎千浪」。故，本篇裏的那個「阿浪」，即是在下。

．這篇聊天式小說，人物的名稱「突然」地出現，可能令你「一頭霧水」。其實本文是我另一篇小說的續寫，角色也就延用了。

．當年在報上連載的「香港百年風月變遷」，編輯邀請到董培新為我插圖。董兄的插畫真正用得上「認真」兩字。他後來告訴我：「每天收到編輯傳來你的稿件，我第一時間閱讀，我喜歡看這類掌故也！」難怪他繪畫得這麼傳神。

百花齊放

上一世紀香港的出版業很喜歡為小說加入插圖，做成大量插圖畫家的湧現，當年的報章雜誌可能為了美觀，或者需要增強讀者的想像力，在書籍中的插圖可能會同讀者心目中的景象、形象有所吻合，從而加強了閱讀的樂趣，那時候在報章雜誌上從事插圖工作的職業畫家差不多有十個以上，好像高寶、丁岡、綠雲、余丹青、黃鳳簫、王司馬、伍里甫、關山美、黃明、詹秋風、鄭家鎮、麥正及在下等等……很有百花齊放，百家爭鳴的熱鬧。

董培新

人的尊嚴

好多人話，香港地「笑貧不笑娼」。我睇，不是，娼仍然會笑，不過笑的是「貧娼」。我就聽到這樣的話：「人做雞，你做雞，人地穿金戴銀、身光頸靚，點解你咁烏歪！」

原來那是「貧雞」一隻！

人性就是這樣，你等於見到一些儼然大亨的大賊，也會肅然起敬，對偷十元八塊的道友看不起。

我與域陀曾經行過廟街，是人約黃昏後的時分，我倆東張西望，獵奇者多，但這麼一副東張西望的樣子，那些坐在樓梯口的阿嬸、大姑，佢地會問吓：「要大姑娘呀？五、六條嘢有交易，青春玉女呀！」

你千祈唔好搭嘴，否則出手拉客都有之，我與域陀急急腳行去路中心。

「五、六十元，還會是青春玉女？」域陀曰：「如今食餐較像樣晚飯，都要五、六十元啦！」

「算是六十元吧！七除八扣，你估剩番幾多？我睇到妓女手上會是二十元左右。」我仔細思量一下，二十元出賣一次人的尊嚴，這人的尊嚴真不知放在哪裏。不過，你細數一下，如果一天接客十五次，一天便有三百元，一個月下來，七、八千元是可以賺到。但又為何會一貧如洗？

我曾經問「編劇強」，佢曰：「好多妓女心身被摧殘，本身亦要找發洩，譬如養哥仔，有些又爛賭，養仔兼爛賭，真係冇救了！但你想吓佢地平時任人糟質，那就好自然尋找另一種刺激！」

編劇強同幾位演員為了拍好《廟街皇后》，親自到廟街去同佢地打交道，甚至入到內邊大家傾偈。有人同自己講心事，這些最低下層的不見得光的可憐女子，不知幾咁歡喜。佢地煲糖水招待，佢地見你肯用她們的碗碗碟碟，吃她們的糖水，那就當正「自己友」了。人與人之間，多些同情，多些溫暖，不是更好？

三代可憐人

不是電影鏡頭，是真實場面：

有晚，我飲宴散席後，獨個兒行走，離酒家不遠處是一家也不知是甚麼式的夜總會，記不起是中式、日式，還是法式，門口對面有一個中年婦女站着，呆呆地望着那夜總會。此情此景我印象深刻，事關赴宴之時也見到這婦人是如此一副情態站着，現在呢？三個鐘頭過去了，夜深了，她仍然站在那裏，仍然喃喃自語，仍然呆呆地看着。

就在我想繼續前行之時，見那不知甚麼式的「夜總會」走下兩個「小女子」——真小，看她們即使是濃粧艷抹，也不過是十七歲左右罷！「阿紅——」那婦人開聲了，她走到這兩個「小女子」跟前，「阿紅，阿女呀，你同我返去啦！」

其中一個大抵就是阿紅吧！

「我話你知——」那個阿紅說：「你唔好再來煩我！冚家富貴，你再來煩我，我唔×畀面你㗎！」

「阿女，都係我唔好，我已經完全冇做啦，我唔想你走我條路呀！」

「你老母，你做唔做關我×事，我乜嘢走你條路？你講嘢呀？你演文藝片呀？」

「阿女——」

「你唔好阿女阿女叫得咁親

熱，你有當我係女咩？冚家富貴，你攬住條佬嗰陣，會記得有個女咩……」

圍觀的人越來越多！那個叫阿紅的「小女子」走了，那個站在街邊，呆呆地等幾小時的婦人，等到的是一番奚落。

沒有熱鬧看了，人也漸漸散去，我聽到那婦人又自言自語：「唔知前世做過乜陰騭事，老母做女，我做女，如今個女又做埋……」

是三代可憐人？如果沒有真的聽到看到，還以為《廟街皇后》部片是講古，事實上，真是有三代歡場女這樣的事呀。

百年妓業

有人說，一個人到了三十歲便會開始懷舊。我阿浪同意這一講法，三十歲之前，還是小子一名，後生細仔有甚麼舊可懷，童年往事這些不算甚麼懷舊也！

呢幾年，香港人的懷舊風氣又似乎特別興盛，何解？大抵是接近九七。

「九七與懷舊有甚麼關係？」蛇仔明問。

我曰：「到了一九九七，也就是香港正式結束英國殖民地統治，回歸中國。那麼，過去百年來的香港種種，既然告一段落，有不少更值得回想，回想就是懷舊，懷舊雖不一定是甚麼依依不捨，而是對舊有的東西懷想一番罷了！」

「欄邊客」——阿客叔，在我們這一群人裏最有資格講香港掌故，他老人家今年七十多歲矣！在香港生活了七十多年，好多風雲人物，好多興衰，他都見過。

客叔曰：「我只係做咗七十幾年人，香港開埠到現在最少也一百五十年啦，即係兩個我阿客咁嘅歲月。不過，哈，人係好奇怪嘅，我好留意一百年前香港事事物物，我住過皇后大道東，大道東有一間洪聖古廟，幾百年歷史矣，英國人未來香港時已經存在，呢間古廟，右邊是供奉天后娘娘！凡是有天后娘娘者，必然是近

海啦！咁即係話，一百年前，皇后大道東對開的地方，包括如今修頓球場，都係海來者也！球場旁有條春園街，點解叫春園？」

「係嚹，點解？」域陀對春園兩字最感興趣。

客叔曰：「我都唔知呀，不過，當年春園街是碼頭，客來客往，好多洋船在這裏泊岸，春園街十分熱鬧，熱鬧的地方便會有妓女活躍，一百年前春園街，係洋妓聚居之地，春園兩字，講唔定從滿園春色而來！」

鮮花到港

客叔突然有此一問：「你地有冇按圖索驥？」

「索甚麼驥，你估個個好似你，係正宗馬迷耶！」域陀不明所以。

客叔打個哈哈：「域陀，你梗有啦！我係話你地有冇試過依照報紙刊登的廣告，去找一樓一鳳？」

個個耍手擰頭。我微笑——這種事情，又邊個會直認！

也罷，我問欄邊客——客叔：「你又想講些甚麼掌故畀我地聽？」

「我如此問，係有原因嘅！你地唔好以為，一些架步也好，歡場也好，佢地在報紙上大登廣告係近二十年之事。唔係，我話你聽，一百年前，已經有咁做啦！」

「有冇搞錯呀？一百年前香港有中文報紙咩？即使有，都唔會登，那些廣告咁離譜，寫明甚麼十八歲青春玉女，甚麼住家少婦，甚麼……」

蛇仔明還想講下去，客叔笑曰：「哈，你又話冇去幫襯？你又會咁熟？」

「睇吓報紙都得卦！」蛇仔明如是說。

「係，」客叔曰：「呢類廣告當年又點會登在中文報紙，係登在西報！係畀啲洋漢按圖索驥也！不過，當年社會風氣又點同現在？當年

好含蓄，斷斷乎不會寫上甚麼肉彈長駐候教，當年係用花來代替，有新人登場，便會刊登廣告話鮮花到港，如果是黑妹，則會寫『黑牡丹運抵本港』，是日本妹，又話『櫻花時節又逢君』，咁你明啦！」

域陀曰：「如果是招引一些被虐狂鬼佬，大可以寫上『有刺玫瑰抵港，喜歡被刺者，請前來選購』！」

如果到今天仍然選用這一招，我睇某些報紙的分類廣告真是名副其實百「花」齊放，墟冚過花墟矣！

擺花之街

客叔問域陀：「你有冇去過擺花街？」

「有冇搞錯，我檔麵店就在附近，擺花街都唔知放低幾多腳毛！」

「哈，好彩你如今話，如果一百年前你咁樣講，想肥妹嫂唔扭甩你耳仔都幾難矣！」

「點解？」連蛇仔明也問點解。

客叔滋悠淡定，呷一口茶又講古。

「我講過，一百年前已有色情廣告刊登，不過那時候是用鮮花名來代替，即係話，鬼佬好鍾意以花名來譬喻女人，亦喜歡以花來送給女人者，今時今日興起送花，亦係西風東漸……」

域陀心急：「咁又與擺花街有乜關係？」

「關係大矣！」客叔故意慢慢講，我則微笑不語，這段掌故我亦曉得，不過，無謂令客叔這「講古佬」掃興，我唯有笑而不語，好讓這幾個聽眾被客叔吊癮。

「唉，你地後生仔，點解咁心急？好啦！我講畀你知，當年擺花街呢條短短的街道，樓上不少單位是洋妓所住。咁即係話洋妓集中地也！

「一百年前擺花街、荷李活一帶是市中心，再向下行，好快到海邊！鬼佬去找妓女，好似去見自己愛人，特別係一次生兩次熟之後，更加將瑪莉、蘇珊、安娜、露絲，當正係自己情人，於是乎每次上去光顧，例必帶一束鮮花。你知啦，當年邊度有咁多花檔，但中國人做小生意，好識走位，見到阿尊、阿積總係要買花，於是乎，紛紛來到這條街擺花檔了！擺到直情好似如今花墟的花市場。買花贈女人，例必不會孤寒，這些花檔生意不俗，你開我又開，短短一條街，一百幾十檔，於是索性將這條街叫做擺花街！」

——「噯，原來係咁！」

睇見成班人聽到點頭點腦，客叔好有滿足感。

水坑口風月

「水坑口是甚麼地方？」欄邊客曰：「如果你家在九龍，當然不曉得。你地成班中環友，當然知道邊度係水坑口。」

我曰：「講得明確點，地點係皇后大道中，中上環交界那地方，我記得細路仔時，水坑口仍然有好多店舖，賣絲綢、賣餅，就好似澳門八月十五街。那時係五十年代末與六十年代初期，我亦只不過約莫一點點殘餘印象罷了。」

「係，阿浪，你冇講錯！不過，你所見的水坑口風貌，係水尾風貌，已經到式微低落之時，水坑口最有名、最繁盛之時，還係一百年前！」

「又是一百年前？」蛇仔明曰：「客叔，你唔好呃我地細路仔唔識世界嚁！」

客叔「騎騎」兩聲：「講真啦，一百年前之事我又點知，都係好似你地依家咁，係聽老人家白頭宮女話當年！水坑口一帶，當年係紅燈區，擺正牌㗎！一百年前，曾經試過娼妓合法化，就因為妓女多多，性病泛濫，合法化之後，可以抽稅，這叫做妓捐，由警察去收錢，收到之後，用這些錢建起一家性病醫院，本來係幾好者，但有人反對，話妓女合法化有

傷風化，特別係一些英國人，佢地話我祖家都冇咁嘅例，香港點可以開先河，冇法啦，唯有取消這合法化。當年水坑口大寨林立，大凡煙花之地，必然也同時做旺飲食業者，所謂飲食男女也，水坑口興旺之時，周圍有不少茶樓酒家。」

我曰：「即使到了六十年代後期，我亦在水坑口看到仍然存在的一兩家酒家，不過，到了現在連半點痕跡也沒有了！今天要到那裏懷舊，只係得番個街名。」

悲慘琵琶仔

以為欄邊客講馬才會精神，估唔到他老人家講風花雪月也會精神奕奕者，唔怪得話，「十個男人九個喜歡講女人！」

客叔曰：「嗱，有啲嘢呢，你地後生仔真係得個聽字，在我睇只有阿南先至話會曾經見過，不過，阿南當時都係最多拉住老豆衫尾，流鼻涕咁嘅年紀。」

阿南叔今天已經抱孫，年紀亦唔細矣，則客叔究竟想講些甚麼呢？

原來，佢講當年的妓寨究竟點樣分法，甚麼叫大寨，甚麼叫細寨，又點解細寨叫「二四寨」？

域陀曰：「就係囉，乜嘢叫做二四寨呀？」

這一次南叔代答矣：「二四寨亦即係細寨，呢啲地方交易，日頭兩銀，夜晚收四文，差不多是公價啦，所以叫做二四寨！」

蛇仔明曰：「南叔，你有冇幫襯過？」

南叔呵呵笑兩聲：「客哥都話我當時拉衫尾，鼻涕蟲咁大，又點會幫襯過！」

客叔曰：「最早期，細寨是在荷李活道一帶，大寨就係水坑口嗰度啦，大寨消費唔講得笑。即使是細寨，兩銀、四銀，在當時已經唔算少矣！講

到妓女，我就覺得最可憐係嗰的琵琶仔！」

「係嗰，琵琶仔個名我聽過！」蛇仔明曰：「係唔係即是油瓶女，佢阿媽琵琶別抱，所以佢地就被稱為琵琶仔！」

客叔曰：「原來你從琵琶別抱聯想開去，幾有趣嗰，不過事實並非如此！琵琶仔係一些窮家子女，七、八歲時賣給妓院的龜婆做養女，起初是打雜，到了十四、五歲，含苞待放之時，找個大客同佢開封，從此之後開始做妓女了，呢啲叫雛妓，佢地由童年賣做養女，已經確定了今後做妓女的命運，你話幾慘！都唔明啲人點解會咁殘忍！」

公娼與私娼

蛇仔明不明：「甚麼叫公娼、私娼，係唔係公娼即大眾化價錢，私娼是私家貨色，住家少婦嗰類？」

域陀拍一拍蛇仔明：「你個衰仔，古靈精怪，想錯隔離，你有冇留意歷史、掌故？香港曾經有出現過娼妓合法化也！合法嘅，就係公娼啦！私娼即係暗操此業，咁都唔明？」

南叔曰：「係！香港早期曾經有過娼妓合法化，因為當時性病流行開來，為咗興建公家性病醫院，索性向妓女、妓院抽稅，抽稅就要攞牌，有牌即係合法啦！本來呢個算盤亦打得過，合法化之後，妓女定期檢查，比較乾淨，不過英國方面有人話，我地自己都冇娼妓合法化，你地擅自開例？有時候，有些事情並不是對與不對的問題，而係權力問題、面子問題。」

娼妓合法化，化了一段時期，停止了，冇稅可收，性病醫院亦停頓下來。公娼係擺明車馬；大寨是講排場，飲花酒；細寨講明係細，速戰速決也！私娼呢？不是集中在一個地方，不是成行成市，就好似如今情形一樣，分佈各個地方，不過話就話分佈各地，亦多少有集中地，即係如今九龍廟街、上海街、旺角一帶，物以類聚也！

客叔曰：「一百年前，九龍尚未怎樣有娼妓，都係集中在港島這邊

搵食，中環、灣仔都有，好多私娼係在客棧搭單，你要搵此等門路亦不難。有些則在海邊小艇搵食。」

「咦，」我曰：「海邊小艇搵食，即係避風塘嗰種，六十年代初期，避風塘內邊仍然有嗰種無邊風月！」

「係，直到六十年代，甚至七十年代初期都有，不過到了現在應該可以講係式微矣，連去避風塘飲飲食食亦已經唔多！」南叔話：「有一句話真係冇錯，一雞死一雞鳴，娼妓呢行業就係咁矣！」

抗議搬賣

今天的水坑口，沒啥特別，舊樓拆掉，已建造了不少新廈，其中還有三幾座是頗有一點規模的商業大廈。不過，這中上環交界之地，又是位於皇后大道中之上的，到底不是商業集中地，今天還殘留六、七十年代，甚至是五十年代的痕跡。但也只是痕跡而已，我曾經作懷舊之旅，在這附近走走看看，近西營盤那邊依然看到三兩家故衣店，不過賣故衣已經很少很少，賣一些當舖當斷了的手錶、相機之類。這街道，在五十年代是故衣店，你甚至可以稱之為「故衣街」。講到故衣，有件很有趣之事。高陞戲院座落這「故衣街」，當年高陞是慣常上演大戲的，就好像當年「塘西風月」時期的太平戲院。有一位大老倌嗜賭，賭輸了連戲服也會拿去當掉，他在高陞戲院演出，而故衣店就在附近，他當斷了的那幾套戲服，店子就掛出來，戲服還繡上名字的，這麼一掛，在故衣店來說是招徠有術，但對大老倌來講，係好冇面之事。班主知道此事，唔理咁多，立即把那幾套戲服買下來，如果讓那幾套戲服在故衣店門前招搖，對自己起班不利也！為了賭注而當戲服，這位大老倌可謂唔生性也矣！

講到這水坑口風月，客叔曰：「有時候做生意真是人算不如天算！水坑口被闢作公娼聚集地，當年盛行飲花酒，於是水坑口便出現不少茶樓酒家，夜夜笙歌，熱鬧非

常，殊不知，到了第十三位港督彌敦，即下令水坑口妓寨搬竇，全部搬到西環石塘咀！嘩，你估話搬就搬？老實講啦，你叫啲妓寨搬竇冇所謂，愛好風花雪月者，愛好起上來，去到天腳邊亦沒所謂，但做茶樓酒家生意者，慘矣！這等於叫他們關門大吉，於是乎，幾十位老闆聯名上書，遞請願信。」

估唔到，香港最早集體向政府遞信抗議者竟然與風月有關。

塘西風月

水坑口成為煙花地，茶樓酒家林立，真是一派昇平景象，你話突然要搬遷，做伙記冇所謂，捲埋棉被，搬去可也，但做開生意者，又點會話搬就搬？酒家老闆群起請願，乃自然之事，當年好熱鬧！

請願歸請願，抗議歸抗議，結果還是要搬。

南叔曰：「我睇當年佢地搬遷，係有陰謀嘅！表面理由，話水坑口一帶越來越人多，人多起來衛生便會出問題，所以要搬遷。但點解又要搬到石塘咀冇雷公咁遠？」

蛇仔明曰：「唔係好遠啫，從水坑口坐巴士，七、八個站便到！」

「唉，你細路仔有所不知，當年香港你估好似依家咁繁榮麼？當年呀，連銅鑼灣都係荒蕪之地，嗰度有個利園山，可以開片場嘅，你話係唔係荒蕪之地？直情好似郊外咁款啦！」

域陀問曰：「石塘咀稱石塘，係唔係好多石？」

「係呀，當年呢度係『搥石仔』之地，係開採石礦之地，十分簡陋，只有一些鑿石工人搭棚屋居住，當年港督係彌敦，佢為咗做旺石塘咀，所以下令妓寨搬到石塘咀這裏來。」

我聽了南叔這樣說，不禁拍髀叫好：「虧佢想得到！真嘅，你要做旺一個地方，真係好容易，將佢變

為煙花之地，或者變為聚賭之地，包你興旺。」

「係呀，你睇拉斯維加斯，開咗賭場之後，沙漠的沙都變成金沙，有賭之地，必然隨着而來是色，所謂嫖賭飲蕩吹是也！唉——」域陀嘆曰：「如果我早出世幾十年，親眼見下塘西風月，你話幾咁過癮！」

南叔笑曰：「你講漏一樣，你早幾十年出世，如果冇錢一樣冇用，嗰度係銷金窩！」

何謂「後土」

談風說月，這是最沒有是非的茶聚。

南叔曰：「有時候，我總是覺得當年的妓寨對女性係好大侮辱！唔使講其他，單係將啲女人稱為『後土』，已經好傷人地自尊心啦！」

蛇仔明唔明：「乜嘢叫後土？係唔係在屋後挖一堆泥土上來？」

欄邊客——客叔哈哈笑曰：「你有冇見過山墳？你即使冇返鄉下見過那些山墳，信得過都會到新界墳場走走看看吧！」

蛇仔明點頭。

「噚，你會見到一些山墳，在一個完整墳地的右上角會有一座小小的也像墓地的地方，呢度就係後土！每個山墳都有。你拜祭祖先之時亦要順便在後土位置上壓張溪錢、燒元寶，乃孝敬孝敬也！」

南叔曰：「我聽老豆輩講，佢地去塘西飲花酒，男人坐着飲酒作樂，那些妓女呢，佢地係陪客，只可以坐在男人身後邊，為男人斟酒、夾菜，自己不能飲，呢啲係規矩！坐在男人後邊便稱為『後土』。有『後土』係那客人的面子，你即使紅牌阿姑，亦要畀呢啲面子！」

我亦聽過上一輩人講塘西風月，好多紅牌阿姑係「吊起來賣」

者，你捧一兩次場，可能連手仔亦未摸過，那些男人，為了表示自己夠氣派，往往要擺出不在乎的樣子，心裏明明恨不得立即幹那事兒，但亦表面裝出滿不在乎，女人呢，同樣地要諸多造作，捧足了場之後，才能成其好事。人與人之間，有時真係滑稽有趣。

不知是誰想出這絕招？呢招真絕，可以令你大花金錢，如此才可以真正做到銷金窩。

姿整人生

蛇仔明對客叔曰：「都唔明白舊時啲人，點解要咁多姿整，男人同女人，最後還不是搬上床去，又點解搞咁多花樣！」

域陀插嘴：「你個衰仔，成個急色餓鬼咁，冇厘情趣，唔怪得你幫趁嘅都係一樓一鳳啦！」

客叔曰：「係，有時我都覺得真係過分姿整，但咁樣嗜，呢種姿整，其實亦可以視為生活情趣，紅牌阿姑吊高來賣，咁樣先顯得佢高人一等；至於那些大爺、闊少，佢地唔係一味上床咁簡單，當然最後目的無非瞓在床上，但越係難得，越係擺排場，越加顯得有面子，有氣派！

「試過有一次，有位闊佬將塘西相連四個大寨打通，這一晚全是他一人設宴請客，呢，佢無非係晒身家，被捧嗰位阿姑，你話幾咁有面！呢個世界有些人其實是在爭面子罷了！」

「咁又真係千載不變者也！」我曰：「你睇如今一些尖東夜總會，一踏入去，如果嗰啲小姐前呼後擁，公子前、公子後咁叫着，你話幾咁威風八面！攞彩也！」

講到攞彩，客叔曰：「舊時塘西的大寨設計，真係好花心思，直情是為了專門讓闊客攞彩，樓下設宴之用，上二、三樓是寨房，你上樓梯之時，

小姐們排在樓梯邊，大少大少咁同你打招呼，還不是擺彩擺到十足！」

我早就聽過一個故事，話有兩個闊佬爭女，用到燒銀紙煲紅豆沙，問客叔可有此等事情？

客叔點頭：「我亦聽過，父兄輩講到似層層，我睇誇張咗少少，逐張銀紙咁燒，你話要幾多錢？認真折墮，當時一個普通打工仔，月薪一、二十文，但一張張百文紙係咁燒，真係折墮到唔恨！」

金陵殘夢

欄邊客是標準馬迷，數十年如一日，馬會應該頒給他一個「忠心馬迷獎」。

他是馬迷，但不是賭徒，是真正奉行「小賭可怡情」！欄邊客是情長之人，有日，佢老人家心血來潮，同我說：「阿浪呀，你有冇時間？陪我去憑弔一下！」

「憑弔甚麼？」

「到咖啡園去，睇下當年火燒馬棚被燒死者的集體墳墓！」

我聽過此事，但沒有看過，於是「好呀」一聲，隨客叔到掃桿埔山上尋幽搜秘。終於找到這個地方。墓碑上刻有中英文人名，快活谷跑夜馬之時，這些亡魂不知會不會也出來湊下熱鬧？

點解突然間又扯到憑弔火燒馬棚之亡魂去？哦，客叔又講起另一項舊事——金陵酒家！

客叔曰：「當年塘西煙花地，有三大酒家好出名，那是金陵、廣州、陶園，都是在山道口的，當年此地正是大寨集中地。金陵酒家你地去過未？」

域陀與蛇仔明你眼望我眼，域陀曰：「金陵戲院我就聽過！」

我曰：「我去過，不過，當年都係十一、二歲左右。」

「係，」客叔曰：「金陵酒家係一九六二、六三年左右關門大吉，

可以講係塘西風月的最後『見證人』矣，金陵酒家的東主，係一位文人雅士，佢曾經出錢徵求對聯，當年好轟動，連嗰位中國著名外交家伍廷芳博士也不甘後人，且名列前十名者也，佢副對聯我還記得好清楚：『金粉兩行花勸酒，陵巒一角月窺樓』。金陵兩字，令人想到秦淮河畔。」

我曾經到過南京，看過秦淮河，都不同了，一如今天的金陵，剩下的只是殘夢！

火山孝子

不知甚麼時候開始有「火山孝子」這名稱出現？記得六、七十年代，舞廳仍然大行其道之時，我們便經常聽到一些人形容那些舞廳常客是「火山孝子」。

阿南叔這一次不讓欄邊客專美，佢曰：「客兄呀，塘西風月我就完全得個聽字，不過，我聽過一則古仔，印象好深好深，問下你，可有此事？」

「甚麼古仔呢？」

南叔曰：「塘西的紅牌阿姑，迷死好多有錢佬、有錢仔！自命風流的二世祖，好些是失匙夾萬、空心老倌，但這些人又唔衰得者也！袋中無錢，可心癢難熬，如何是好？哈，又真係虧他們想出這樣難度咁高嘅招數！原來，一些二世祖打扮得十分樸素，淺淨色衫一件，有些還別上黑布條，一副黯然神傷表情。

「『十二少，你甚麼事呀？』

「『冇，我老豆前一排過咗身，所以……』

「『人死不能復生，你節哀順變啦，你今晚散下心啦！』

「得咗，你估嗰位十二少真係死老豆耶？佢不過係作古仔罷了，袋中無銀，既然老豆死咗，一定會剩低唔少身家畀佢，咁呢排賒賬、掛單可也！」

「嘩，」域陀笑曰：「有冇搞錯呀？咁離譜！為咗飲花酒

賒賬，居然話個老豆死咗，又着起素服，成個孝子咁，真係荒唐到唔恨矣！」

我睇「火山孝子」這名稱，可能係從這裏鑽出來的。

客叔曰：「係，冇錯，我都聽過呢類故事，係事實，有啲則唔好意思話自己個老豆過身，佢地會話自己個有錢阿伯，或者個有錢親戚過身之類。其實開得妓寨者，個個都係眉精眼企之人，又點會唔知這些蠱惑？但求筆賬有拖無欠就算矣！」

「蓆嘜」風波

今時今日，相信好多人不曉得何謂「蓆嘜」。

南叔提起這名稱，蛇仔明懶醒：「車，張蓆嘅嘜頭唔係蓆嘜囉！」

望文生義，如果僅是這麼一個解說，又講來做乜？南叔曰：「蓆嘜呢個名稱，相信亦係來自當年塘西！『嘜』，即係嘜頭，亦即係商標！舊時好興用呢個字，譬如話：『嘩！你個嘜頭唔錯㗎！』即係話你個樣唔錯，有型有款咁解。蓆嘜係用來形容妓女，成日瞓在張床處，重唔係嘜頭？當年，好些紅牌阿姑迷戲子，小小香港，竟然有十幾台大戲同時上演，你話當時粵劇幾咁流行，太平戲院位近塘西，最多紅牌阿姑捧場，佢地在戲院經常包十幾廿張床者也！」

「車，」蛇仔明曰：「南叔，你有冇搞錯呀，戲院包座位就有，何來包床？」

呢次不用南叔駁佢，客叔哈哈笑曰：「舊時睇大戲，前排的位，真係床咁可以瞓喺度來睇，直情好似抽鴉片咁款，所以叫做床。紅牌阿姑迷戲子，出到倒貼都制。唔只倒貼，還爭風呷醋，爭住來貼！有的阿姑迷得死脫，有生意唔做，有闊佬都唔理，一於同個心愛大老倌關埋門傾密偈。所以這些倒貼阿姑才會被稱為薦嘍！」

域陀嘆了一口長氣：「呢個世

界有些事情真係幾十年不變，如今同樣好多夜總會小姐養仔，還不是一樣！」

「但舊時這些蓆嘜卻弄出風波！」客叔曰：「想來真係滑稽有趣，有些大闊佬呷醋，佢地話有冇搞錯，我出錢，佢地貼人？而且又係戲子佬，好，一於杯葛！」

如果闊佬不來飲花酒，妓寨點樣生存？最後無可奈何，「寨主」下達禁令——戲子佬不得進入寨來。至此闊佬們條氣才順番多少！

選美始祖

欄邊客提出一個問題考考大家：「如今好多選美，又港姐、又亞姐，連健美小姐也出現，我來問你地，香港最早有選美係幾時？」

域陀立即舉手：「係四、五十年代，麗池夜總會首先搞選美，搞手係李裁法！」客叔搖搖頭：「冇錯，麗池搞過選美，但香港最早選美係二十年代，我都係啱啱出世也！」

原來香港七十年前已經有選美，聽客叔講來亦好有趣，哈，簡直是諷刺到唔恨，香港之有選美，原來是由妓女開始。當年都算大陣仗，是省港澳三地的妓寨推出代表，不知當年這些算不算地區的初選，初選之後，進入決賽，乃所謂「省港澳盃賽」了，地點是愉園。

當年的愉園係遊樂場，好有名，即現在跑馬地養和醫院原址。

比賽稱為「愉園花榜大會」，當年選美，不是冠軍、亞軍、季軍……而係稱為狀元、榜眼、探花，好似科舉咁款！

各寨名花，均由闊佬在幕後撐腰，闊佬出錢出力，選美那天跑馬地熱鬧了，車水馬龍，闊佬帶同名妓出席，香車美人擁入場去，周圍亦有不少遊人看熱鬧，情形一如現在一些大明星出席甚麼盛會焉！

當年選美，在台上亦會搔首弄姿，不過，不會穿着泳衣，而係穿

起旗袍在台上扭下扭下，台下那些闊佬看着，倍感魂銷。

塘西果然不愧是名重一時的煙花地，狀元、榜眼、探花這前三名，三重彩全由塘西包辦。

哈，原來呢類物事，五十年不變者，名次一出，立即有人大叫：「造馬，造馬！騙局，騙局！」如果在今天，我睇八卦周刊記者先生小姐們好唔得閒矣！

摸下利是

客叔問域陀：「你同肥妹嫂拍拖，有冇去過寶雲道？」

域陀曰：「客叔，你咁老土呀，乜依家重興去寶雲道拍拖咩？」

「咁又係！」我點頭。

去寶雲道拍拖係七十年代之事，這條道路在港島半山腰，清靜，但又不是靜到烏蠅飛過都聽到，是旺中帶靜、靜中帶旺之地，在寶雲道向港九兩地遠眺，東方之珠之美，盡收眼簾。

客叔曰：「你地就算沒有到寶雲道拍拖，相信都會知道嗰處有一塊姻緣石！」

「我知，我知！」蛇仔明講起呢塊石，分外精神，「嘩，人地話嗰塊石頭朝天插着，好似男人……呀，好似陽具！我慕名去過！」

「咦，蛇仔明，原來你都係『崇陽派』，有冇輕輕手咁撫摸下佢！」

客叔曰：「唔係講笑，當年，塘西好多阿姑半夜三更偷偷地來到呢度，都係想摸下，甚至瞓個身上去，佢地話，摸下利是，摸多幾下，啲闊佬會黐住佢，好似糖黐豆咁。有些阿姑還同埋個心肝熟客一齊來拜呢塊象形石，甚至點上蠟燭，焚香跪拜，當年已經香火鼎盛矣！」

我曰：「呢塊姻緣石，不但當年妓女奉若神靈，就算七、八十年代，

甚至現在，仍然好多婦女拜佢，特別係上一代福建女人，好多丈夫去了菲律賓謀生，而且已經落籍生根，自己在香港死守生守，希望個老公能夠返來，於是視這塊石為姻緣石，個個月去拜，初一十五，這地方煙火之盛，遠遠都會看到。」

我睇香港之「石」，食人間煙火最多者，還算這塊摸下利是的姻緣石。

二伯公廟

香港鬧市之內有好多有名廟宇，文武廟、天后廟皆是，連濟公廟亦是香火鼎盛。不過有些廟宇則似乎過的是清茶淡飯日子。

我問客叔：「有一間廟好奇怪，叫做二伯公廟的，二伯公係乜誰？西南二伯父就聽過，伯公亦係一個名堂，但二伯公又係乜冬冬？」

客叔曰：「哈，你梗係經過鰂魚涌，見到有『二伯公』這名稱矣！係冇？」

「係，我坐電車見到有個小山丘，有石級上，石級入口處便寫着二伯公廟，所以請教你，係乜嘢名堂？」

客叔曰：「嘩，講到二伯公，當年佢就巴閉矣！塘西阿姑直情當佢係黃大仙！做妓女，最擇使係染到性病，嗰時候叫『花柳』，尋花問柳也！男人領嘢固然喊救命，做妓女嘅，領嘢機會更多，當年醫學並不昌明，又點會好似現在，打口針便可以安然無事？二、三十年前，領嘢之後好擇使，二伯公係一名專醫花柳嘅中醫，聽講話醫術高明，醫番好多妓女！妓女對他，真有如再生父母，佢死了之後便起座廟仔紀念佢！」

域陀曰：「做醫生做到人家同佢起廟，都真巴閉矣！」

「不過，傳說好多！」客叔曰：「又有一個講法，係話有個讀書唔成三大害的壞鬼書生，同個阿姑愛侶串埋，

話嗰度有間廟好鬼靈㗎，你求籤，求姻緣得姻緣，求客似雲來，真係會車水馬龍，應接不暇。一傳十，十傳百，傳到成個塘西冇乜邊個唔知冇雷公咁遠嘅鯽魚涌，有間二伯公廟，廟仔不在乎細，有仙則靈。從此，二伯公廟鬼死咁好生意！嗰位廟祝，正係個壞鬼書生扮嘅！」

客叔話：「故事就係咁，信不信由你！」

貪官刮粗龍

香港地禁娼禁了幾十年，不過，大家心知肚明，有目共睹，甚麼禁娼？明的不能來，那就暗中交易。有人曰：「礙於法律，有時候你明知那是色情交易，亦無可奈何！」

蛇仔明問客叔：「聽講話當時香港娼妓合法化喎！有冇啲咁嘅事？」

「係，有過一段時期係合法化，如果唔係，又點會出現『水坑口風月』、『塘西風月』？大凡『風月』，係要成行成市，但成行成市又點可以半遮半掩！喂，廉記成立之後，捉貪官，葛柏被捉，係你地親眼見到之事，一百年前，亦有過捉貪官事件，而且又係與妓寨有關！」

一講到與妓寨有關，蛇仔明成個人生猛起來，佢唔應該叫「蛇仔明」，叫「雞精明」才對。

南叔曰：「一百年前，香港地早就有妓女出現，而且越來越多，本地嘅，澳門嘅，來自內地嘅，還有，連金絲貓、東洋妹也來搵食，搞到性病泛濫，當年港督係戴維斯，佢認為性病泛濫係好嚴重之事，有意辦一家性病醫院，但經費從何而來？不如將娼妓合法化，做妓女攞正牌，政府可以抽稅，這些稅收便是建性病醫院的經費。這其實也是好辦法，不過後來有人認為妓女合法

化，祖家冇條咁嘅例，一於反對，這便停了下來。」

蛇仔明曰：「你講貪官，又點解扯到妓女合法化去？」

「當然有關係啦！」客叔曰：「就因為合法化，要攞牌，有一個官離譜囉，佢既然操生殺之權，過水濕腳唔在話，如果你想攞妓寨牌，打番份數畀佢，咁都隻眼開隻眼閉，衰在此人貪得無厭，自己也公然開起妓寨來，娶咗一個妓女做老婆，一於兩公婆大刮粗龍！他開設的三家妓寨，由自己批出，係批免費嘅，連稅都慳埋，你話幾咁離譜，結果呢？過分招搖，終被革職！」

拯救「火坑蓮」

一百年前，娼妓合法化，嘓位總登記官都算離譜矣，不但利用職權刮龍，且還去爭食，自己亦開起妓寨來，十分過分。

域陀曰：「有冇搞錯，咁樣明目張膽都得，冇王管耶？當年港督係乜誰？」

南叔曰：「我每次去灣仔行過寶靈街，都會想起呢位老哥。」

「佢老哥係邊個？」域陀自問自答：「呀，當年港督寶靈！」

「係，這港督當年居然維護呢個總登記官高和爾，唔知兩人有乜關係？所以，檢控高和爾嘅嘓位總檢察官敗訴。佢起訴失敗，但未氣餒，告到英倫去，結果呢個高和爾終於被革職，但沒有受罰。」

域陀曰：「咁佢真係抵到爛，唔撈有乜所謂，已經滾到盤滿砵滿！」

「係咁嘅啦！」南叔曰：「幾十年前，好多英國人在香港都係大晒啦，如今時勢大不同。咦，你估當年嗰位總檢察官起訴高和爾，出發點會唔會係眼紅？」

「一百年前嘅事，你問我我問邊個？」

客叔呵呵笑曰：「一百年前，迫良為娼之事一定係好嚴重，舊時有所謂『槽豬花』，真係好殘忍，七、八歲女童被拐賣來香港，賣畀龜婆，養到十三、四歲時便推出來做妓女。當年盛行拐子佬。如此殘忍之事，簡直叫人心寒、心痛，當年港督麥當奴便下令，能夠舉報指證這些拐賣人

口的歹徒，定罪之後，可獲賞金二十元。當年二十元，十分的好使好用。墮入火坑的女子太多太多，呢種社會悲劇，有心人睇見心痛，於是成立保良局，專門收容這些『火坑蓮』，保良局成立到現在，超過一百年了，保護婦孺條例，也是在這時候訂立的。」

講句嚴肅話，我地在口沫橫飛講塘西風月時，亦不妨想下妓女的悲慘命運。

設「民俗館」

講香港風月史，好多都集中在塘西風月。不過，當年妓寨由水坑口搬去石塘咀之同時，實際上也開始分散到別些地方去，譬如九龍的廟街。

這是看了《廟街皇后》之後，引起追尋歷史的興趣，所以，講到這一頁我阿浪亦不妨班門弄斧，學南叔、客叔發言矣！

「廟街的風月場所，有一百多年歷史，非常奇特，水坑風月、塘西風月早已灰飛煙滅，你今天到西環去，已經沒有半點風月痕跡，但九龍廟街呢？今天仍然有不少人在這裏操迎送生涯，真是一個百年不變的奇特地方。」

域陀曰：「廟街妓業一百年！咦，我睇民俗管理處都要考慮下，在廟街揾層樓作為受保護文物，作為妓寨紀念館之用，幾有意思！」

域陀乃講笑，不過講笑中亦未嘗沒有道理，妓女生涯、娼妓歷史在香港史裏亦應該有一頁！

香港歷史上兩度娼妓合法化，到了一九三二年，是第二次被禁了，理由是香港乃英國殖民地，祖家尚且沒有娼妓合法，你來合法？於大英帝國法理不合。

「係，」客叔曰：「當年不是一聲號令，話禁就禁，事關從事娼妓這行業的人不少，依附這行業而生存的行業也不少，話禁就禁的是洋

妓，她們人數較少，華籍妓女呢？准以三年時間，三年之內，你好為自己準備後路，所以在一九三五年六月三十日，才真正全面禁娼。」

「唉！」南叔曰：「禁乜鬼呀，一雞死一雞鳴耳！明的不能，那就暗地裏來啦，直到現在，還不是依然有咁多妓女？不過，唔係攞正牌，亦不是打正妓女個名，有些則我地叫佢地做歡場女子！」

找「花姑娘」

南叔突然嘆了一口氣，「唉，你地啲後生仔真係幸福！香港和平後迄今，四十幾年矣！你地今年三十來歲，全部係戰後仔，根本唔知道乜嘢叫打仗、乜嘢叫淪陷！我睇，你地連真正開槍打死人都未見過，除非有咁啱得咁橋，遇到警匪街頭開火啦！」

講到幸福，我亦點頭：「係，南叔、客叔，我地呢代的確比你地幸福，最低限度唔使走難！」

講到走難，客叔曰：「日本仔打入香港時，我在香港，我嘗過三年零八個月嘅種滋味——

「唉，好多人話唔願提，計我話，不妨得閒無事諗番下，我睇好多人亦同我一樣，捱過淪陷期，執番條命之後，對做人做事冇咁執着矣！過得自己過得人就算，對好多事情亦能夠睇得開。」

客叔曰：「有啲女人，當年比我地更慘，嗰啲日本兵，唔係人，係野獸，大凡野獸，不但隨街小便，還會見到異性就冇人性，好多女仔唔敢出街，更加唔敢將自己打扮啦，扮到隻雀咁靚搏乜？搏的嚟仔『輪大米』呀？香港係於一九四一年聖誕節淪陷，我記得好清楚，日本仔一進入香港，到處搵姑娘，不但隨處拉，還逐戶拍門，好多大姑娘要

躲埋床下底也！啲啲獸兵獸性大泛濫，連佢地上頭都睇唔過眼，於是設甚麼『慰安所』，即係軍妓，供啲獸兵發洩。

「當時真真正正有所謂紅燈區了，將灣仔洛克道一條街封了起來，下令一些住客三日內搬走，成條洛克道作為『慰安區』！慰安所，是供一般士兵去發洩，軍官呢，又有所謂『吾妻屋』，是屬於『吾妻正斗』一類，即係比較高級，係來自日本同台灣的慰安團。

「『有異性冇人性』，最好係用來形容那時候的日本兵。」

迴光返照

香港淪陷，是一九四一年，四二年洛克道設「慰安所」，讓日本軍發洩獸性。當時有五百幾家慰安所，真不算少矣！

南叔曰：「洛克道一帶，當年真是生人勿近，如果是十八廿二少女，分分鐘被那些日本仔按倒就幹！唉，那段日子，家裏有後生女子都會提心吊膽！人性獸性，加上為了製造一下昇平景象，於是有些漢奸之流便向日本軍提議重開塘西妓寨！這一着，日軍當然會說：『你大大好嘢！』於是下令塘西再次成為煙花地，金陵、廣州、陶園三大酒家再度回復面貌，塘西被列為紅燈區，當年塘西阿姑有些出番來做！

「禁娼也禁了六、七年，好些妓女沒有其他本事，公娼沒有了，索性分散各地做私娼，依然艷幟高張；有些則在三五年全面禁娼後，索性埋街食井水，重新做人！另外一些呢？那幾年搵定後路，轉到廣州繼續風月生涯，那時候陳塘風月便因香港塘西風月沒落而興起矣！」

南叔一口氣地講，我地幾個後生仔只有好似聽課那樣聽着，根本無法插口，事關三、四十年代之事，我等尚未出世！

客叔則曰：「你地知唔知道，一九三五年禁娼之後，又有色情新花樣出現！」

一提到色情花樣，蛇仔明成個醒晒：「咦，又有新招呀？點呀，點呀？」

「唔使心急，講古要慢慢講，聽古要慢慢聽，咁先至有味道嘅！」客叔轉過頭去問南叔：「阿南呀，你記唔記得當年出現乜嘢花樣？」

南叔正在搜索枯腸，客叔開古矣：「係導遊社呀！當年日本仔叫重開塘西，導遊社這一招也帶了進去。不過重開塘西係迴光返照耳！日本仔冇幾耐便投降矣！香港結束淪陷，塘西風月當然也跟着收檔！」

導遊社興起

所謂「一雞死一雞鳴」，南叔話：「呢個世界如果你話想絕對禁娼，邊度有可能呀！明的不能來，亦可以暗中交易，任何社會都有出賣色相這回事存在，不同者，有些社會是明碼實價交易，有些則暗地裏出賣肉體而已，本質上仍然是娼妓，為了生存而出賣肉體，在舊社會真是層出不窮。唉，一個人窮起上來，還有甚麼廉恥不廉恥的，求生最緊要！南叔有資格講四十年代香港風月，他今年六張過外，四十年代佢已經是十幾廿歲仔矣！

「三十年代中期，公娼被禁止之後，私娼也就大行其道，呢的私寨，在香港多數集中在荷李活道、九如坊、歌賦街一帶，即係鴨巴甸街下段的地方，雖然唔會學似如今大鳴大放……」

「咪住，」域陀曰：「乜嘢大鳴大放？」

「你冇到旺角咩？黃色燈箱林立，十分刺眼，等於大鳴大放囉！嗱，嗰時期冇咁明目張膽，不過，你即使唔係識途老馬，亦可以找到者，通常這類地方門口會安裝上一對燈膽，一般人家的門口一隻燈膽就夠，它卻用夠兩隻，咁你知道係乜嘢地方啦！」

域陀曰：「原來四、五十年前，已經識得用電燈膽來表示，都算得

係如今燈箱架步始祖矣！」

「禁娼之後，興起的新玩意是導遊社。男女之間，雖然最後還是那回事，但那回事之前，整色整水，會增加神秘感，增加吸引力，當年導遊社集中地在中上環海皮一帶，那是一些小旅館、客棧之類集中地，租一層樓，間六、七個房，可以開張大吉矣！你估導遊妹真係帶你去遊山玩水？唔係，帶你入房，同你搥骨、按摩，想出導遊呢個名堂者，亦算一絕。所謂『遊』，乃遊山玩水也，而『導』呢，即係帶引你，由那女郎帶引你去遊山玩水，即係你入到房間內，一雙手好唔得閒啦！一般按摩鬆骨，收費兩元！」

餐室鴛鴦座

「兩銀，好便宜！」蛇仔明曰。

「你都傻嘅！」域陀拍下蛇仔明個頭：「四、五十年前兩銀，你估嘢少？嗰陣時幾錢一斤米你知唔知？」

「係囉，幾錢一斤米？」蛇仔明問。

「我都唔知嚱，我都未出世！」域陀自知「衰咗」，收聲。

「係，」南叔曰：「當年搵三幾十蚊個月，已經好唔錯啦，兩皮唔算少，當年鬆骨、按摩兩皮，好少人會係咁就走，多會有下文者，進一步交易就真係遊山玩水矣，冇五、六銀唔好出聲，質素好者，七、八文才有交易，當年七、八文對普羅大眾來講真係唔少呀！有些導遊社，緬懷當年塘西風月的風光，居然在內設有雀局，你在客廳打幾圈衛生麻雀，然後來一頓住家式小菜晚飯，休息過後，又入房旅遊矣！如此消費，當然唔只十文八文，不過有些小闊佬、小闊少亦喜歡如此。」

客叔問曰：「阿南呀，你知唔知當年有的餐廳也有色情玩意？」

南叔搖頭。客叔曰：「三十年代到四十年代那段日子，即係禁娼到日本仔打香港之前，中上環一帶一些老餐廳，居然出現鴛鴦座，有些卡位是拉起布簾者，你帶個女伴入去，拉埋布簾，在內邊點樣煙韌都唔理你矣！」

「嘩，嘩！疏芙咯！」蛇仔明曰：「乜依家冇呢類餐廳？如果有，一定其門若市！」

「市你個死人頭！」域陀曰：「我話等執笠就真！叫兩杯咖啡，拉埋布簾在內邊攬幾個鐘頭，點做生意呀？除非好似舞廳咁，計鐘錢啦，咁就唔同！」

客叔笑曰：「係嚕，如果當年的餐廳識得計鐘錢，咁就發啦！不過，做餐廳到底不同做歡場生意，如果計鐘錢，直接開導遊社好過！」

應召女郎

南叔問：「有冇睇過那部《應召女郎》？」

蛇仔明曰：「最近就睇過《廟街皇后》，乜有部片叫《應召女郎》咩？係邊個演喍？」

——邊個主演，連南叔都唔記得，不過，呢部片是七十年代龍剛導演嘅，廿年矣，蛇仔明又點會知。不過，講起應召女郎，南叔曰：「唔係近呢十年廿載先有，早在三十年代末期已經出現矣！有電話就有應召啦，電話越普遍，則應召女郎越多，此乃方便！」

「咦，」客叔突然好似發現新大陸：「照計，應召女郎呢四個字，追溯源流，應該係二十年代就已經有！」

「有冇搞錯呀，客叔！」我曰：「二十年代擁有電話的人我睇冇乜幾多個。」

客叔曰：「阿浪，應召一定要用電話咩？水坑口與塘西，嗰時候興寫花箋，闊佬、闊少在酒家寫好一張花箋，由專人送去妓寨，妓寨主政人看花箋裏寫的是哪一位紅牌阿姑，悄悄點名將人送到酒家去，這不也是應召女郎麼！」

「咦，係噃！」

南叔曰：「其實都係等於應召，只係沒有電話，用的是寫花箋耳！三十年代後期全面禁娼，導遊社在這時候出現，慢慢地，有些導遊社索性做外賣生意了，於是在一些小旅館、小客棧裏都

會半公開地有一份『導遊社電話表』，你租住客棧，叫伙記撥個電話去導遊社，社裏便派出女郎到閣下居住處，替你『導遊』矣！」這應該是香港最早期的「電召女郎」。

最初座落中上環海皮的客棧、旅店，入住的大多是大陸來客，佢地係來香港做生意！工餘時間，身心寂寞，遂興起一些綺念，導遊社應運而生，後來發展到連本地客也有興趣。

「導遊社」越開越多，香港重光之後，順便立例取締！

一元試片

如果你是「戰後仔」，當然不曉得甚麼叫「導遊社」，你連招牌也沒有見過，導遊社是在一九四六年，即是和平後便禁止了的。

香港既然禁娼，則有些架步弄得過分的明日張膽，直情好似剃人地眼眉咁，有乜理由不禁？

不過，「你有張良計，我有過牆梯」，亦有所謂「道高一尺，魔高一丈」，從來就是這樣的。其實，七十年代興起的「伴遊」，實際上也承接了四十年代「導遊」性質罷了。不過，七十年代興起的伴遊卻多少與真正的遊有關，起初，是為了便於照顧一些外來旅遊人士，特別是日本遊客，日本男遊客是出了名的熱衷「性旅遊」，去到外地肆無禁忌地進行性活動，香港尖沙咀一帶不少架步，集中做的就是日本遊客生意，當然是指那些男遊客，他們在祖家習慣了放浪，就算看真人表演，你叫他上台客串，他們也巴不得這樣做。

好，讓我們再講回四十年代中期導遊社沒落後的情況。聽客叔說，戰後，慢慢復原，開始幾年大家忙於重建家園，勤於工作，風花雪月之事也相對地少了。不過，有些人是藉這行業而生存的，他們必會蠢蠢欲動，何況性慾帶來的色情玩意，也實在是一個無法絕滅的社會問題。五十年代，各式各樣的色情玩意也紛紛出籠。其

中一項便是一元試片。講到一元試片，客叔問南叔：「阿南，你睇過一元試片未？」

阿南搖頭，「一元一套未睇過，五元三套則光顧過！」

「差不多啦，差嘅係些少時間罷了！」客叔說：「一元試片，可以講係香港最早期小電影。不過到了今天，小電影也已經式微！」

「唔係卦，客叔！」域陀曰：「我睇如今發揚光大就真，好多公寓架步都附設小電影啦！」

「哈，你錯了，這些不是小電影，而係錄影帶！」

花樣多多

「係噃！」域陀曰：「點解我會混淆者！」

「混淆亦好自然啦，無論是大銀幕還是小螢幕，那些演出都係一樣！」客叔曰：「不過咁，今時唔同往日，五十年代的小電影，水到唔恨，即係等於我地現在睇番四十年前電影，同樣製作簡陋也！但當時是新鮮熱辣，即使是『小電影殘片』亦十分吸引，通常放映小電影的地方，十分簡陋，主理人亦明白，顧客旨在那銀幕所見之內容，又點理會你甚麼環境，叫佢地坐地下亦冇問題！當年一文睇三卷，快活不知時日過，『喳』一聲便睇完。你想再睇，得，磅水可也，於是有些人睇五、六文閒閒地！當年有些片，係黑白，拍到烏厘馬查。不過，誰也不在乎，不怎麼要求了，就因為是新鮮出爐。」

南叔曰：「我睇香港開埠以來，自有歡場事業以來，最多花臣嘢都係五十年代矣！客兄，你話係唔係？」

在座，以欄邊客最有資格發言，他連塘西風月也見識過，雖然在最興盛之時佢不過係細路，但他家裏有個錢，老豆經常出入那些地方，有時候甚至拖埋客叔當年這「豆丁」入去，都算風流得離譜矣，所以客叔細細個之時已經有機會接觸到那些紅牌阿姑。

客叔想下——他在腦袋中翻歷史矣！「係，係嚹！阿南，講起上來五十年代真係最多花樣，點解呢？我睇……」

客叔從「風月學」發展到社會學去，

他分析當時的社會環境。

「我睇，這與社會風氣及生活環境有關。五十年代生活其實不怎麼好過，冇乜人有閒錢去風花雪月，阿南，你有冇留意到，在五十年代的色情花樣其實都是走普羅大眾路線，是『山大斬埋有柴』嗰類，此亦與當年社會環境有關也！」

「客叔呀！」蛇仔明曰：「唔好講咁多社會乜社會物，最緊要講下五十年代有甚麼色情玩意！」

人體寫生

五十年代流行一種色情玩意，叫做「人體寫生」，我是聽過，但余生也晚，並沒有見過內裏是怎麼一個風光。

南叔曰：「我光顧過，當時是煞有介事，一本正經，事後則也為自己的荒唐笑到碌地！」

「怎麼回事？」蛇仔明問曰：「甚麼一本正經？」

「按鈴，說明來意，請進！入到內邊，是一個大客廳，你見過一些美專沒有？五、六十年代流行的美專，是十幾個學生架起畫架，作人體寫生也！我們這些醉翁之意不在酒的，也煞有介事，你交了錢，主理人交一個畫板給你，一張畫紙，一支鉛筆，唔該你自己擔張凳仔埋去寫生！」

「哈，」這時候欄邊客插口：「我睇阿南你嗰時一下子變成近視佬啦，有咁埋坐咁埋，恨不得將個頭、將個鼻湊埋去，係冇？」

成班人笑起來，但南叔則一本正經，毫無笑容曰：「呢，我話事後自己也感到荒唐就係咁解，當時，個個慌死執輸，真係有咁埋湊咁埋，成身臭汗亦唔理得咁多！你估好似如今可以開足冷氣？嗰時有把大風扇吹下已經唔錯！我地真係好學，三幾分鐘後，會自自然有人曰：『擺過另一款姿勢啦！』後來，嗰位無遮無掩模特兒，好熟性，佢無幾耐又會自動自覺擺另

一個姿勢，其實佢最喜歡係咁，換下姿勢，可以唔使咁疲累也，而呢班好學之士，更加得其所哉！」

我亦好奇問曰：「南叔呀，咁你地有冇真係寫生？」

「寫你個頭咩，如果你真係寫生，直情係戇居啦，個個頭岳岳，邊度得閒畫畫！」

「所以，你事後亦覺得荒唐可笑耶？」

「係，好多色情玩意，玩過之後都會話自己戇居，但隔不多時，又會去戇居一次。」

不便「寫真」

聽到這些人體寫生玩意，蛇仔明曰：「車，點解要寫生啫？寫真就最好啦，用個照相機來拍攝不是更好，點解嗰時冇人體寫真？」

南叔曰：「五十年代，社會經濟還係好疲弱，你估好多人買得起相機？一副相機，最普通嘅也要一兩百元，五十年代一兩百元，是一個月，甚至兩個月人工，所以，當年相機是奢侈品，不同現在，現在傻瓜機亦不過百多元，甚至有啲畀細路仔玩嘅，幾十元也有，五十年代科技冇咁發達！」

客叔曰：「還有一點好重要，好多出來搵食嘅女人，唔想畀人拍裸體照者也，傳到通街都係，點樣見人？你估現在，動不動就拍寫真，嗰時連低胸裝亦算大膽暴露！不過，雖然五十年代並沒有流行人體拍攝，但黑房沖曬卻大行其道。」

南叔曰：「我呢份人都幾好學㗎，嗱，人體寫生幫趁過，連黑房沖曬亦去光顧！」

「真係睇唔出，」域陀曰：「原來南叔後生之時咁多風流嗜好者，同你依家好似判若兩人！」

南叔曰：「如今連孫都有啦，風乜鬼流，當年後生，亦係好奇耳！黑房沖曬，係利用黑房兩字，好多色情玩意其實都係巧立名目，換湯唔換藥耳！」

「唔係嗰！」我曰：「計我話係

換藥唔換煲就真，個煲依然係那一個，但裝載的藥料不同，則有不同效果。」

「有道理，好！」南叔曰：「讓我講下黑房沖曬呢個藥煲，究竟載些甚麼藥料？」

估唔到，南叔講起這些風流往事，又講得生鬼有趣。

黑房沖曬

今時今日，沖曬照片十分方便，滿街滿巷都是快速沖曬，3R收八毫、九毫，有個別還來個七毫酬賓，兼且送大相一張，這些沖曬都是彩色的，真可以講是大件夾抵食，十分之大眾化了！我想，在五、六十年代，怎麼也想不到今天彩色照片如此大眾化！

「係，」南叔曰：「阿浪呀，五十年代末、六十年代初期，呢段時間你幾大？我睇你都係十歲八歲，唔識咁多風花雪月，我話你知，五十年代嘅黑房沖曬，真係非常之名副其實！嗱，真係門埋門，一盞紅燈仔，你驟然入去，伸手不見五指，你話係唔係黑房？至於沖曬呢？哈哈，你從黑房出來之時，個荷包嘅錢梗係沖晒啦，而且沖到手軟腳軟！」

一句「手軟腳軟」當然明白怎麼回事，客叔曰：

「五十年代色情玩意，都是走法律罅啦，到現在仍然在走法律罅；五十年代，一些喜歡玩相的，會在家裏弄個黑房，唔使好大，好似一個廁所仔、廚房仔可也，主要係放一部曬相機、幾盒藥水，三幾百文可以有一套設備，當然自己沖曬嘅係黑白相。我自己屋企都有一套設備，但係我依然去光顧這類黑房沖曬，內裏風光，你想都想到啦。入到間屋後，你唔使話入來做乜，自然有人帶你入去個房間，然後問你想點樣學？想學半套還是全套，嗰啲地方，學全套還可，要想深造，則無設備矣！不過，有的人亦可以企

嗰度深造者，呢種情形到底比較少。」

「企嗰度深造？」蛇仔明問曰。

域陀又拍了他一下，「你個衰仔，詐傻扮懵耶？使唔使畫公仔畫出腸？」

客叔曰：「開始之時，因為係新玩意，生意不俗，所謂黑房沖曬，係咁意掛幾條菲林、一個捲菲林罐，連藥水都不必矣！」

擦鞋檔

今天，你要找一檔擦鞋的，恐怕不容易，在中環一些角落還勉強看到。

南叔回想五十年代的擦鞋生涯。

「域陀，你可知道，我光顧擦鞋最多的是甚麼年代？想起來真好笑，人地擦鞋不過是五、六毫子，闊佬啲，亦不過是一、兩元，五十年代的一兩元唔係嘢少，可以吃到一個快餐矣！但我光顧擦鞋，居然是十元八塊畀對方，你話幾咁犀利！」南叔如是說，我知道他想講甚麼。

我曰：「當然矣！既然醉翁之意不在酒，則多多錢都要畀啦！」

南叔曰：「都係你醒目！阿浪，我睇你沒有見過美女擦鞋吧？」

南叔要講的，是五十年代也像「黑房沖曬」那樣流行一時的美女擦鞋。

美女兩字，不過是一個叫法耳，等於有些新聞記者寫新聞，逢女屍必艷，六、七十歲伯爺婆跳海，也會說「艷屍浮碧海」的。不過做得擦鞋女者，十之八九是青春女郎，有的是青春，她們工作的地方，有些也是在巷口、街邊，不過，多數是一些可以用帆布遮擋的地方，後巷是最佳場所矣！這些女郎穿的是低胸衫，在有意無

意間、遮遮掩掩間令你若隱若現地看到一些甚麼，你站着，她們則俯下身去為你一雙皮鞋服務！

南叔曰：「我當年後生，亦睇中一個擦鞋妹，不過，大家冇嘢嘅，我不過得閒就幫趁佢擦鞋罷了。」是否冇嘢，亦無謂追問下去，南叔話冇，咁就係冇囉！

不過，話又得說回來，那時候還算是民風樸素，只是生活艱難，有些女郎沒辦法才幹此營生。比之今天某些「貪威識食」的小女子，你叫她這樣拋頭露面作半色情勾當？好閒矣，佢地寧願瞓低做一樓鳳，時代畢竟不同矣！

艷女在旁

蛇仔明單身寡佬，經常是孤家寡人一個人看電影，特別是那類三級片。他說：「單嫖獨賭，無謂呼朋引類！」

域陀曰：「你有冇搞錯呀？看電影是光明正大之事，甚麼單嫖獨賭！」

「係，」蛇仔明曰：「我睇三級片，是在心理上作嫖也，你明白冇！」

用到「心理」兩字，域陀無話可說。

這天，蛇仔明又一個人去看三級片！坐的是超等，他認為睇電影是享受，你不認為好看，不會去睇，好看就是享受。

正在上映預告畫，也是三級片。蛇仔明聚精會神，目不轉睛。忽然，有一陣濃烈香水味在他鼻前飄過，呢種香水味，醒神，似乎唔係低價貨。那香水女郎就坐在他身旁的座位。

——嘩，冇死咯，有個靚女同我坐。蛇仔明認為是天賜良緣，飛來艷福，銀幕上放映三級片預告，他在腦袋裏幻想另一種三級，不，應該是四級、五級，又點只三級咁簡單……。

唉吔，她彷彿把整個身體挨過來啦！

蛇仔明有這麼一個感覺，於是，他大着膽子，詐作無意之中把一隻手放在椅柄上，那是一種試探，且看對方的反應如何！——對方，那個香水

女郎的一隻手也同時放在椅柄上。他們的手臂是靠着了。本來，如果是無意觸着會很自然地迴避，但這香水艷女郎沒有迴避呀，這不就是說，她也喜歡這接觸嗎？她明知我的手碰着她，她不閃避，她呀……哈，她對我有意思！

正在這時候，有一人也進入這行座位來，坐在這香水女郎身旁，也是一個女郎，蛇仔明聽到她說：「我真係要媽叉佢，明知我約了你睇戲，還是冤鬼咁冤住我！」

「唔緊要！」嘩，是那香水女郎的聲音，怎麼會是鵝公喉，是男人聲？蛇仔明立即把手縮回來。

糖果女郎

蛇仔明「艷女在旁」的戲院故事，他講出來，笑到我們碌地。

域陀曰：「蛇仔明，你可能走寶，人地鵝公喉，唔等於係男人！」

「咪搞，都係『食少多覺瞓』好過！」

講到戲院艷福，南叔曰：「五十年代戲院糖果女郎，唔係戲院大堂糖果部女售貨員也！千祈唔好搞錯！呢啲糖果妹，也要分兩種，有一種係正正經經賣糖果者，但戲院之內，黑麻麻，甚麼事情也可以做出來者也，於是乎，有些搞色情的便利用呢種環境，見到一些單身寡佬，呢，好似蛇仔明之流，咁就坐埋去，開始時叫你買糖果，然後同你『斟世界』矣！所謂『斟世界』，無非是滿足一下手足之慾。」

域陀問曰：「明知道呢樣係色情玩意，戲院方面唔干涉咩？」

南叔曰：「有些糖果妹好識做，先搞掂啲帶位嘅，咁就隻眼開隻眼閉啦！不過，有這類活動的戲院，都係一些比較殘舊的，放映二輪西片的影院較多，當年沒有三級影片，稍為香艷一些的鏡頭亦吸引不少寡佬！」

蛇仔明問曰：「南叔，你當年有冇……」

「冇，」南叔曰：「不過，見就見得多啦！有時候好奇，揀座位專登揀嗰啲人疏地方，希望雙料娛樂，睇下銀幕又睇下前排兩個孖公仔搞乜鬼！」

今時今日，戲院裏「孖公仔」多的是，有些熱情男女熱情起來旁若無人；有些現象更離譜，講唔定係有表演慾，搭地鐵，光天化日，眾目睽睽之下，也會癡癡纏纏，如果你問：點解地鐵方面不出聲……出甚麼聲？你開聲勸喻不要在車廂內有過火動作耶？人地又話你侵犯人權噃！

綠窗與紅燈

在六、七十年代，如果你家住九龍，當大家在拿「找妓女」開玩笑時，代名詞便是廟街。在香港方面呢？唔使問阿貴，一定會說謝斐道。

「去邊度呀？夜麻麻一個人在灣仔踱，唔使問阿貴，梗係去謝斐道啦！」

「係呀！」欄邊客曰：「謝斐道成了嗰樣代名詞，不過，熟悉我的朋友，肯定不會問我係唔係去謝斐道！」

域陀曰：「你點解咁肯定？」

「我數十年如一日，朝朝早去馬場睇晨操，一早就瞓覺啦，點會夜晚黑四圍蒲！」客叔之所以叫欄邊客，係佢經常一早靠在馬場邊睇馬，所以，他老人家話冇去謝斐道，信焉！

其實，好多男人即使是「慾海打滾」的，亦不見得一定去謝斐道，那些地方是比較低下層的，一如九龍的廟街。

你今天到謝斐道行走，完全不必「急急腳」、「側側身」，就因為這裏已經不再是甚麼紅燈區矣！六十年代，甚至七十年代，好多人不敢行這條街，即使是日間亦然。今

天，你在這裏還可以見到綠窗，但肯定不是當年那種綠窗戶。

當年，你舉頭望去，見到綠窗的，十之八九便是做「生意」的地方，騎樓還會見到一盞小紅燈，紅燈亮着的話，即是在「營業中」，你可以上去光顧。

這條街兩邊的樓，多是四層樓房，有大騎樓，是一梯兩伙，這種舊式樓，樓底高，頗為通爽。樓下三五成群地坐着一些中年婦人，這些便是鴇母了，亦即是所謂龜婆。

今天謝斐道，不但沒有鴇母，連那些八十年代流行的「一樓一鳳」黃格招牌也沒有，這條街道清清靜靜，反而可以讓你很好地漫步街頭。

悲慘綠窗女

南叔問域陀：「你知唔知，謝斐道當年妓女的來源是甚麼地方？」

域陀擰下個頭，然後曰：「係嚁，你唔提起我都沒想到，究竟是來自甚麼地方？我睇都係窮家女，自自然然就聚集在一起啦！」

「窮家女就肯定係，唔通有錢女會去做綠窗女麼？我話你知，當年謝斐道的『貨源』，以水上人家為主。唉，今時今日香港富裕，好少賣兒賣女，但五、六十年代，依然係好艱苦，特別是五十年代。水上人家又唔識得節育，一味生呀生，生到個仔就留番，生女呢？養大之後，三幾千元賣給人了。」

我曰：「關於水上人家的事我亦略有所聞，真係好慘，出世之後，冇書讀，細細個便得幫手，七、八歲的女仔已經好似大人咁幹活了，做到含苞待放，十五、六歲之時便索性賣了去，一來少個人口吃飯，二來有三幾千元可以幫補家用。至於給賣了的漁家女命運如何？很多是先給那買主玩了，玩過之後便賣到妓寨去。南叔話當年謝斐道好多係漁家女，我亦聽過！」

那年代的妓女，真是被窮迫出來的，不似現在有些「小姐」，是貪威識食，自甘墮落。

南叔曰：「不瞞你地，我後生之時亦去過這些地方，唉，真係淒涼，內邊好簡陋，一張床，有

阿嫲倒一盆水給你，通常係吃過午飯之後開工，一直做到深夜，最少亦接十幾個客，有些生得靚些，受歡迎的，一日接三十幾個客亦閒閒地，個廳坐上幾個人，門口亦有人排隊，直情好似診所等睇症咁款！你話日日咁被摧殘，想唔殘都唔得啦！」

「殘咗之後點？」域陀問。

南叔學了後生仔答話：「你問我，我問邊個？」

酒吧紅燈區

南叔曰：「今時今日，謝斐道的綠窗戶、紅燈區已沒有了，但與那個時期同時興旺的酒吧，你今天還可以在灣仔找到一些痕跡！」

我曰：「係，你依然可以見到，那是洛克道，是灣仔區的洛克道，特別是近大佛口那一邊的，還可以見到十家八家酒吧！但已經不再是阿尊、阿積去光顧，反而我們一些白領仔，在下班之後到這些地方去歡樂時光，飲上一兩杯啤酒！」

域陀曰：「洛克道酒吧紅燈區，我細路仔之時，見到不少鬼佬咿嘩大叫，應該是六十年代初期，我嗰時十歲八歲，記得還有一些人白衫白褲，纏上臂章，聽講嗰啲係國際憲兵，專門管理那些水兵的！」

南叔有半點白頭宮女話當年的味道，佢曰：「香港那時興起酒吧，都是拜韓戰、越戰所賜，那些兵仔，趕去戰場送死，戰艦來香港補給。佢地上岸，花天酒地矣！又難怪者，事關今天不知明日事，講唔定下月就會戰死沙場，有乜辦法不是今朝有酒今朝醉！你經常見到，嗰啲兵仔拖住個年紀做得佢媽咪嘅吧女，大叫『打玲』，嗰啲三十幾歲，甚至四、五十歲的吧女，同啲兵仔打情罵俏，直情世紀末風情矣！」

呢次域陀好醒目：「大佬呀，六十年代，社會風氣重係好保守，提到『湊鬼』兩字，好唔馨香者也！對『湊黑鬼』更加睇唔起，所以有幾分姿色，年紀較輕者，要出來撈都去做舞女啦！做舞女又唔使識雞腸！」

——係嗰，點解我想唔到？

舞廳，今天亦式微了，當年的「杜老誌」、「東方」屬大廳，幾有名，同時存在的還有中廳、黑廳，黑廳亦即所謂小舞院。

社女

蛇仔明問我：「有沒有看過林建明主演的那部《社女》？」

我搖頭，「不過，我對這部片印象深刻，因為林建明為藝術犧牲，剃光頭也！」

——何以剃光頭？

我不知道戲裏的林建明為甚麼要剃光頭；但真正的「社女」生涯，有些的確被剃光頭，那是所謂「唔聽話，要懲戒」。

南叔點頭曰：「係，社女這名稱，七十年代最流行。不過，六十年代初期已經興起，所謂社女，其實就是應召女郎，租一個地方，有五、六個女郎，這些是與各公寓、招待所掛鈎的，一個電話打來，立即『送外賣』，好些時候，是由一個所謂護送人，實際上是打手的後生仔，以電單車送『貨』，一些不大聽話的，便『押』上公寓去，等到交易完畢，又『押』回社去。」

域陀問南叔：「六十年代興起社女之時，我睇都唔會有電視吧？那些嫖客在乾等，豈不是好悶？」

「係幾悶呀，所以通常與公寓掛鈎的社，都設在附近不遠處，半個鐘頭內送到，唔算得太耐。」

用「送貨上門」來形容，實在有很大侮辱。不過，做到社女——應召女

郎，還有甚麼尊嚴不尊嚴的？都麻木了，你稱甚麼都沒所謂。

當年的社女，也同樣有綽頭的，有些聲明是「學生妹」，有更多的是「化粧小姐」，當年興起化粧小姐也，至於是否真的是化粧小姐，你問我，我問邊個？南叔曰：「真正是化粧小姐當然也有，有些社為了表示自己貨真價實，還指明這化粧小姐在哪裏工作，你不妨去望下！當然，這類真正化粧小姐價錢又會貴些。」

講到價錢，域陀最感興趣：「一般來講，究竟幾多錢的？有冇分早場、公餘場、午夜場？」

即日計數

域陀問到早場、公餘場、午夜場，南叔呵呵笑曰：「其實歡場同電影一樣啦，時間不同，價錢也有分別，不過，不同時間，小姐也有不同，譬如六、七十年代流行一時的舞廳，真正大牌只跳晚舞。茶舞則由一些二、三流角色充場，價錢當然也不同！」

「哈，」我曰：「舊日早場、公餘場放映『電影』多是二輪，甚至三輪影片，都是廉價的。不過，發展下去，早場、公餘場都沒有了，五時半的一場放映的也是正片，但午夜場呢？今天周末、周日，午夜場是新片介紹，不但照足正價，且還具鮮口，乃未上映新片也！我睇，歡場裏的午夜場不會是這樣吧？」

南叔笑曰：「如果到午夜還未有着落，我睇反而要賣大包了！」

蛇仔明忽然插嘴：「喂，你地咪扯開話題，南叔尚未講完社女也！」

這麼一說，大家又靜下來洗耳恭聽。

「講真啦，六、七十年代撈那些行檔者，還係散兵遊勇者多，不過，任何事情都會有發展，慢慢地埋堆，慢慢地又會形成勢力。但無論佢地點爭，對人客還是盡量少找麻煩，此乃米飯班主，點會學得而家有些一樓一鳳，叫個打手坐處，你少個崩分分鐘拳頭對付，嗰陣時有，佢地對付嘅係弱質女流，係自己的貨。」

南叔話當年的社女，一般分三等價

錢，高的是八十元或一百，次一級的是五、六十元，再下來是三、四十元。當年一般打工仔收入，是月入五、六百元。

這些社女跟公寓掛鈎，本來是可以「月結」的，但為了怕麻煩，公寓方面索性日日計數，甚至是「鋪鋪清」。

當年的「社」，與今天的「應召中心」其實是沒有多大分別。

名流初階

阿唐「發」了！五年前，他開一家玩具山寨廠，一個偶然機會，他認識了一位洋商——真是偶然，要不是那洋人向他問路，他怎麼會跟他認識呢？

阿唐那次是不厭其煩地帶那洋商尋找一個玩樂的地方，他本來的意思，是趁機會學一學跟西人說英語，所以樂於帶路，想不到，那洋人原來是大洋行的經理，後來阿唐便得到那洋行的訂單，遂暴發起來。

「唐兄呀，你年少有為！」公司裏的會計主任說：「我睇你多些在上流社會交際交際，最少，你可以有機會認識一些名媛、名門閨秀也說不定……哈哈！」

不是開玩笑，阿唐聽後真的認真地想起來！

「阿梁！」他對這會計主任說：「聽講你對上流社會一些活動頗為熟悉，教番兩度散手，如何？」

阿唐有個好處，是為人隨和，不會因為自己有幾千萬身家便不可一世。

會計梁對他說：「你首先要學兩件事，第一件事，找機會多參加一些午餐聚會，我可以介紹你，不過，第二件事則要你自己去做！」

阿唐心急：「第二件甚麼事？」

原來，會計梁對他說：「你要打入上流社會，必須懂跳交際舞，也就是名流之舞！」

想做就想。阿唐果然到一家有英國皇家證書的授舞學院，學起交際舞來，學的是快四步、慢四步，然後又是華爾茲、探戈……唉，學跳這些舞，比同人家斟生意不知辛苦多少倍。不過，阿唐一想到上流社會，立即抖擻精神。

他第一次出現在一個隆重晚宴，是慈善性質的，那餐券是五千元一位，兩位便是一萬元，他這套「踢死兔」早在三個月前已訂造，一萬五千元的禮服，穿在他身上，實在有點不自然。但一想到「上流社會」四字，也就「頂硬上」了。

授舞學校

聽到「名流之舞」這故事，使我想起五十年代的授舞學校。

五十年代也很流行跳舞，都是正正經經的夜總會、舞廳，跳舞的就是跳舞，當年的「杜老誌」、「東方」，都是真真正正的舞廳。

授舞學校又是怎樣回事呢？我自己其實是道聽途說，倒不如叫南叔介紹介紹吧。

南叔曰：「講真啦，我自己都唔識跳舞，不過，那年代我亦好奇心動，光顧過幾次。那些地方呀，很住家式，一千幾百呎地方，中間那個大廳，是可以作為小舞池，你如果是真正學舞，在這小客廳亦可以，但十個佔了九個是跟着女助教入房跳舞，好多時你的舞姿可能比那女助教更好，不過大家心裏有數，醉翁之意不在舞，同四十年代的導遊社性質沒甚麼分別，表面上是導遊，其實是按摩鬆骨。但有一點唔同嘅，導遊女——可以說導遊婆，年紀大一截，唔緊要，如果真正懂得按摩鬆骨，則四十歲亦可以做，生意還不錯。跳舞助教則唔同矣，很少是徐娘半老的，十之八九是青春後生女。」

色情玩意，雖曰萬變不離其宗，但形形式式，花樣多多時，一些人便會興趣更濃，有一個難聽的名稱，也是在五十年代開始出現的，那叫做「跳手指舞」。跳舞不是用腳的嗎？手指舞怎麼個跳法，大家心中有數了。

「唉，」南叔說：「跳手指舞，本來

是指那些黑廳。甚麼叫黑廳？五、六十年代，舞廳分三類，大廳是真真正正可以用來交際談生意的地方，是光廳，冇乜色情。要色情那是你地兩人去外邊之事，當年亦沒有九龍塘別墅那類地方，有的是公寓、招待所。中廳呢？可以有較親熱一點的動作。不過，所謂中廳，實際指格局、裝修，以及小姐質素較次一皮而已。至於細廳，也就是黑廳，伸手不見五指，兩人縮入卡位去做兩人之事，這是互相用手去搞搞震，所以叫做跳手指舞，那個舞池是用來做樣的！」

「鳳姐」生涯

呢個聚會，十分有趣，我、域陀、蛇仔明，還有南叔、欄邊客，全是男人，難得沒有一個女人在場，這次是「三級聚會」，大家講的，全是香港色情業發展，慢慢又講到八十年代。

阿南叔問域陀：「你呀，結婚之前有冇去搵過鳳姐？」

「鳳姐？我又唔係皇帝，點樣去游龍戲鳳？」

「詐諦啦你！」蛇仔明曰：「肥嫂唔在場，你都係認咗佢算啦！」

所謂鳳姐，「一樓一鳳」是也！這應該是八十年代早期開始的，七十年代不是沒有，甚至過去幾十年均有，只是沒這麼盛行吧！這是走法律罅，法律認為，一個居住單位只有一個女郎，不能算是「妓院」。

形成「一樓一鳳」盛行，有兩項活動可以說是推波助瀾的，某些報紙，以分類廣告形式，大段大段刊登這類廣告，廣告內容，連並非是識途老馬亦可以一睇就明，甚麼「金絲貓初到港」，甚麼「十八歲青春玉女」，甚麼「住家少婦」，甚麼……列出地址，你更可以「按圖索驥」矣！講到「按圖」，有些真是圖文並茂地連「玉

照」也刊登出來，你千祈唔好話唔對辦，「玉照」是隨便加上去，西洋妹的大把，本地呢？攞張日本妹照片頂上便可。另一項推波助瀾的，是那些「黃色燈箱」，掛在大廈門口，十分的搶眼，同報紙刊登的字眼差不多。

蛇仔明曰：「呢啲光管招牌真係好攞命㗎！你睇唔到，冇件事，睇到之後心思思，真係意馬甚麼……」

「意馬心猿係冇？」域陀曰：「好多係集團式經營，呢種情形跟過去不同！」

「係，」南叔曰：「過去就算『那些街道』的綠窗門，亦是各自為政，又點會好似如今，直情是跨區生意了！」

女子美容院

八十年代已經過去，但色情事業必然是野火燒不盡，春風吹又生！好多色情玩意，其實是萬變不離其宗，有些式樣，是跨越兩個十年的，從七十年代到八十年代均有，這便是「女子美容院」。

講到七十年代色情業，蛇仔明冇得牙擦，輪都輪到域陀威番陣，到他講古矣！不過，域陀聲明：「嗱，講明至好呀，我講七十年代色情業，全部係聽番來嘅，完全不是我身歷其境！」

哈，哈，哈……大家大笑一輪，域陀今時今日是有妻室之人，佢怕傳番「肥妹嫂」耳裏，水洗唔清也。

「好啦！」蛇仔明曰：「我地當聽古仔可也！」

七十年代流行一時的女子美容院，假如再追溯上去，其實在六十年代後期已開始出現，任何色情玩意，開始時都是在半推半就、「猶抱琵琶半遮面」情況下出現的，女子美容院何嘗不然？起初，是正正經經，其與一般男性理髮師不同者，是她們把環境弄得幽暗些，再加上「電面」。電面即是面部按摩！

域陀曰：「呢類地方，男女

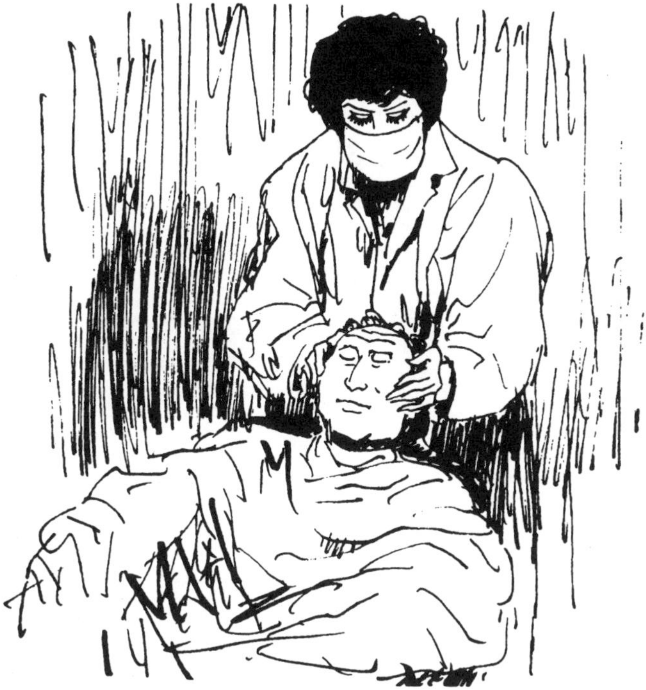

肌膚一接觸，好容易越觸越大膽者，整整下，燈光越來越暗，而且越來越點只電面咁簡單，越電越低，發展到電腳矣！」

「電腳？」蛇仔明明知故問：「按摩腳趾公耶？」

「去死啦！電腳者，係電第三者腳也！」域陀曰：「到了這個時候，從正經變了半正經，到後來簡直是不正經，是名副其實的掛羊頭賣狗肉。不過，從六十年代到七十年代，到八十年代，我睇現在九十年代，存在中環的一些女子美容院還是真正電面、按摩，是讓男人舒服下，做熟客者多，特別在午飯後生意唔憂做！不過光顧的多是中年人，或是老人家，是真正為了休息而來。其他地方雖然仍有女子美容院，但已經很少了。」

小電影架步

域陀越講越興奮：「如今呀，我每次到上海舖理髮，見到有些師傅穿着白袍、戴上口罩，我便想笑！」

「笑乜？講衛生唔好乎？」我曰。

「我笑，係聯想到嗰啲女子美容院也！佢地同樣穿白袍、戴口罩，儼然是大師傅，但連拿把剪刀去剪髮腳亦不懂者也！後來有些架步索性連裝模作樣也不用，有客到之時，連那張放在廳裏做樣的理髮椅也不用，『老細，入房啦！』入房後問你：有冇熟小姐？一切有如其他架步，剩下來者，只係門口那個招牌，仍然叫女子美容院罷了。」域陀又來「此地冇銀三百兩」：「我講明呀，係聽番來嘅，我冇去過呀！」

不過，話又得說回來，中環的女子美容院不是這樣，域陀這裏所形容者，是其他一些地方，如旺角、深水埗等地，有些的確變成這樣。

女子美容院到了八十年代式微，可以講是被「蒸氣指壓中心」取代的，這些蒸氣浴指壓中心，是八十年代玩意。有些在美容院裏本來也是「電面按摩」的，也可以轉做指壓。人，可以仍然是那一群，但掛出來的招牌變了花樣。

大家再來提供資料：七十年代除了盛行女子美容院之外，還

盛行甚麼？

哈，有趣，好似先生發問似的，居然大家舉手等待發言焉。

阿南叔曰：「我睇七十年代除了盛行甚麼池之外，還有一項色情玩意好流行，那是放映小電影！」

提起「小電影」，自然想到「一元試片」，如果我向在座各人問：「邊個冇睇過，請舉手！」我睇情形好似耶穌話：「邊個自問無罪的，就向她擲石頭吧！」有誰夠膽拿起石頭擲過去？現在則有誰話冇睇過小電影？「騎，騎，騎……」成班友仔騎騎笑。最初的「小電影架步」是在九龍城寨！後來在港九各地遍地開花。

真人表演

「一元試片」，其實在五十年代已經出現。阿南叔曰：「這可算得是香港早期小電影，設備十分簡陋，一文睇三套，再睇再畀錢，不過都是一些黑白片，比起現在差天共地，但當時物以罕為貴，一如今日睇三級片，見毛見翼，動作得人驚，但當年男女主角接吻都會好緊要。」

七十年代的小電影發祥地該是三不管地帶的九龍城寨！

域陀曰：「我都入過九龍城寨呀，不過唔係睇小電影，亦唔係睇脫衣舞，只不過係幾個人入去食狗肉耳！嗰處真係三不管，入到去係八陣圖，如果你唔識出番來，得，有的道友可以帶路，不過每位收五毫、一元，如果旺季，咁都幾和味也！」

九龍城寨內，除了放映小電影還有「真人表演」。南叔曰：「嗰啲表演睇唔睇都罷啦，係道友婆同道友做大戲，睇見嗰副排骨都唔開胃矣！不過咁，開始之時，全屬好奇心驅使，就算係兩副骷髏骨在郁下郁下，你都會覺得好刺激！」

欄邊客曰：「九龍城寨內邊的表演，我就冇睇過，但尖沙咀的就有！睇完小電影之後，有人曰：『睇電影到喉唔到肺，想唔想睇打真軍嘅！雙頭、三頭都有！睇就買飛過隔鄰，唔睇請離場，第二場電影要開！』

老實講啦，睇完電影，有邊個唔想再進一步，何況又唔使去別處，行過隔鄰房而已！嘩，犀利咯，個大房大約三百呎，留番中間一張床作表演台，其他地方全部塞滿人，我都未見過咁誇張嘅，三百呎地方可以容納成二百人，足足有二百人，全港最擠迫、最熱鬧那個馬會投注站肯定都無如此擠擁，簡直連呼吸都感困難，但當時又有邊個理會這些，人疊人，個個麻甩佬眼金金睇住中間。每次聽到嗰支歌仔『在水中央，有儷影一雙……』我都想起那次，認真誇張！」

三種原因

蛇仔明關注的，「真人表演」係唔係又是道友、道姑？

「非也！」欄邊客曰：「講真呀，都算得係青春，至於是否貌美，見仁見智啦！聽講話，如此犧牲色相的年輕女郎，三種人居多，一是爛賭，欠下人周身貴利數，被迫真人表演賺多些錢還債！唉，那條債又點會還得清，利疊利，你估講笑！第二種呢？真係迫上床來，佢地起初養哥仔，哥仔後來露出真面目：『你做唔做？唔做我大哥唔單只唔放過我，連你都唔會放過！』為哥死，為哥亡，為哥表演嚮張床；另外一種係喪喪地，係喪妹一名，貪好玩，甚至有個別心理唔多平衡，喜歡做戲畀人睇！不過，呢種情形係比較少見！」

蛇仔明問曰：「女嘅如此，咁男嘅又如何？」

「男嘅我冇研究矣！不過，我睇嗰次係男主角戴咗副墨汁眼鏡，佢多少都唔想畀人認得真面目！但兩個女主角則冇乜所謂，當佢地表演假鳳虛凰之時，兩人還有傾有講，一邊做一邊講笑，簡直當周圍幾百個麻甩佬冇到！」

域陀曰：「嘩！何只冇到，照咁睇直情當你透明矣！講唔定佢地當周圍嘅係幽靈！客叔，你話一個三百呎房間塞滿成二百人，點塞呀！豈不是啲人就坐在床邊！」

欄邊客曰：「直情面對面啦，你聞都

聞到！」

「聞到？聞到咩呀！」

「聞到嗰陣汗臭啦！得未？」

小電影架步，曾經有一個時期港九遍地開花。港島以北角區最盛，春秧街，以及堡壘街附近一條橫巷，均有這種半公開架步！當年廉政公署仍未成立。

小電影架步的式微，是錄影帶興起之後，也就是八十年代初期。

「魚蛋檔」

講開色情玩意，估唔到蛇仔明如此熟行，佢曰：「嘿，好多人話包裝、包裝，計我話最講包裝者，就係色情玩意啦！」

域陀問佢點解？

「嗱，男人同女人，嗰樣嘢係唔係最終目的都是千篇一律？係啦！但男人點解又咁迷戀；幾十年，幾百年，甚至幾千年都不斷迷戀？咁就係講包裝啦，包裝引人，拆開了不都是一樣！」

咁又係！不僅是男人女人，食飯何嘗不然？最終目的是填飽個肚，但又要搞出咁多花樣？道理都係一樣耳！

蛇仔明曰：「講六、七十年代色情架步，我冇資格，如果講八十年代，我睇我都幾在行也！」

阿明仔成個專家咁款，我地聽他講古，亦樂得知道八十年代色情事業變遷。

「魚蛋檔」這名稱，該是七十年代末、八十年代初的產物，是稱為康樂中心，不少十來廿歲少女，甚至是一些學生妹，脫了校服，入場客串。

「魚蛋檔」這三字，幾難聽，來源是大牌檔的做魚蛋，是以「唧」魚蛋手勢，象徵這

「安祿山之爪」的動作，而「魚蛋檔」三字也暗示年紀輕輕，發育不全。

阿明曰：「嗰啲架步，其實好簡陋，你摸入去，伸手唔見五指，非要坐上五、六分鐘方能適應環境，一排排高過頭的梳化。『先生，去邊度玩多？』例牌的開場白，然後有一輪冇聲出，即係做緊動作也。冇幾耐，女方會講：『不如買個Double啦！』即係雙計。如果半小時二十元，雙計就是四十。假如呢位小姐係紅牌阿姐，場務員話：對唔住阿生，有人叫她坐枱，三計！你點？如果你話，好，我四計，咁即係半小時八十元。」

阿明咁熟行，梗係常客矣！

指壓中心

八十年代的色情事業，早期的「魚蛋檔」——康樂中心，一旦流行起來，真是十步一亭、五步一閣，在外來客見了，不禁這樣說：「香港人很有生活情趣，工餘時間去康樂身心！」

阿明懶幽默曰：「是否『樂』，不得而知，不過一點也不『康』也！多上幾次，健康也會有問題！」

這些「康樂中心」，當然不是打康樂棋，不是捉象棋。此行檔興了好幾年，後來是差佬經常查牌，差佬一到，立即命令「主持人」大放光明，大放光明之後，你眼望我眼幾咁冇癮？有些是學生妹，有些是失蹤未成年少女。

阿明曰：「我都試過一次呀，突然燈光火着，問乜事？條女話查牌卦？過咗五分鐘，又試燈光火着，又話可能真要查牌了！你話，有乜癮？我睇呢類康樂中心沒落，同差佬頻密查牌有關！」

「康樂中心之後，又興起甚麼玩意？」

蛇仔明成個專家咁款：「重使講，梗係指壓啦！」

對了！蛇仔明係指壓中心常客，由他講述真的可以說是專家矣！

「指壓中心」是八十年代中

期興起嘅，同甚麼蒸氣浴、桑拿一齊出現，凡係男人同女人肌膚接觸，必然會好自然地趨向色情！指壓本來是正正經經，特別是穴道指壓。不過，利用作為色情亦是順理成章之事。好多人是醉翁之意不在酒，甚麼桑拿，甚麼蒸氣浴？求祈沖下個身，乾淨了、清爽了就算，恨不得早些瞓在床讓對方指壓一番。有些蒸氣浴與指壓中心到現在仍然是正正經經的，現場色情交易嘅係那些間了一個一個小房間，你扣上門鎖之後，在內邊做「六國大封相」亦無人理你，不過，一板之隔，小心聲浪。

阿明曰：「如果遇上嗰啲按摩小姐喜歡隔房傾偈，咁就真係掃興！」

更上一層樓

蛇仔明曾經迷戀過一個「指壓妹」，佢曰：「呢位小姐過去做過護士，真正懂得穴道按摩，令到我鬼咁舒服，人地話一日唔見如隔三秋，我冇咁緊張，不過，一個禮拜如果唔搵佢按摩三兩次，真係周身唔聚財！」

我曰：「咁即係同食鴉片吸白粉差唔多？」

「又唔好咁講，我地好正經嘅！」

「真嘅？真係好正經？」域陀側起個頭來問。

「開頭真係好正經，不過，後來大家熟咗……」

唔使畫公仔畫出腸矣！按摩院的興起，我睇同內地一些綠印者來港找生活多少有關係，一些女郎在內地做過護士，但在香港資歷不會被承認，為謀生計，也就不得不向這些地方埋手。當然，不是人人都走這條路，但係有些人覺得，反正出來香港是搵食、謀生，點解要捱一份工廠工咁慘！——究竟是否慘，那就見仁見智。

蛇仔明繼續講他的色情歷程：「這些按摩院，設備簡陋，就算外邊掛個招牌係蒸氣指壓，亦不過係有個沖涼地方，可以有熱水沖涼罷了。有熱水不就等於有蒸氣乎？冇講錯

也！不過，這些指壓按摩，真正有啲工夫者，都是有一定年紀，唔會係十八廿二，廿幾三十歲者最多，如果警方要放蛇，容乜易呀，一日放一千幾百條蛇亦可以，好容易捉到教人作不道德行為者也！有些指壓中心，為咗怕抄牌、罰款各種麻煩，後來度出新招，招數係——」

「係點？」域陀問曰。

「你扮懵呀？扮純情呀？你唔知？」蛇仔明曰：「招數係更上一層樓，或者落下一層樓，到另一處純粹租房去作進一步交易！呢啲地方要交易，又比指壓中心小房間內舒服一些，也比較放心！」

伴唱場所

指壓中心的小姐與人客作感情交易而更上一層樓，我睇，呢招亦為純粹租房而來者也！話明係只作租房用，佢地在內邊搞乜，有乜交易，我唔知者也！

阿明曰：「係呀，呢招其實可以作多元化發展，二樓做指壓中心，三樓做純粹租房，分兩個場地收錢，肥水不流別人田！我識得一個人，就係咁做！」

如此多元化發展，發展落去，會不會成座大廈都做類似玩意。譬如又加埋「試片」、看錄影帶，曾有一個短時期，有人想搞MTV，即是台灣流行的「迷你電視」，間開一個房一個房，小房間內可以供兩人或者三人睇電視，呢一招其實又可以很容易出現色情者，色情販子睇來也會出這一招，既可以陪睇電視，則如何個陪法？任你出花樣矣！當你要更進一步時，同樣可以更上一層樓。

呢一招可能成為九十年代色情新招也！

前一排有人搞 MTV，不是色情，而是正正經經去做睇電視，只是有人為了租帶利益而開聲研究是否「合法」，是否搶生意而已。後來興起了「卡拉 OK」，那 MTV 便不了了之。

域陀曰：「阿浪呀，唔好畀我講中！」

「既然有名叫域陀居士，講中係你應該之事，否則如何同人地睇

相批命！」

域陀騎騎笑兩聲，佢曰：「嗱，『卡拉OK』現在是好正經，非常的正經，不過呢，玩到水尾之時，講唔定有人又利用來做色情場所啦，最少可以叫做半色情場所。如今已經開始有某些跡象啦，你有見到甚麼寫真『卡拉OK』乎？玩落去，你知啦……」

域陀如是說，未嘗沒有道理。

我們這「五人圍爐共話」到此為止，「上菜」矣，「宵夜」時間到矣！

後記

這「下篇」是寫於上世紀八十年代末，「回歸」已進入倒數。

塵世間——

燈，依樣的紅；

酒，還是那樣的碧綠；

風，繼續地吹；

月，仍然是陰晴圓缺。

策劃編輯　梁偉基
責任編輯　張軒誦
封面設計　吳丹娜
版式設計　陳朗思
書籍排版　陳朗思

書　　名　香港百年風月變遷（第二版）
著　　者　陳青楓
插　　畫　董培新
出　　版　三聯書店（香港）有限公司
　　　　　香港北角英皇道四九九號北角工業大廈二十樓
香港發行　香港聯合書刊物流有限公司
　　　　　香港新界荃灣德士古道二二〇至二四八號十六樓
印　　刷　美雅印刷製本有限公司
　　　　　香港九龍觀塘榮業街六號四樓A室
版　　次　二〇二一年二月香港第一版第一次印刷
　　　　　二〇二三年二月香港第二版第一次印刷
規　　格　大三十二開（140×210 mm）二三二面
國際書號　ISBN 978-962-04-5125-6